Frank-Joachim Durlach

Erlebniswelt Wasser

Spielen
Gestalten
Schwimmen

Erlebniswelt Wasser

SPIELEN GESTALTEN SCHWIMMEN

Frank-Joachim Durlach

3., unveränderte Auflage

Handreichungen zum Schwimmen mit Kindern im Vorschul- und Grundschulalter

Verlag Karl Hofmann Schorndorf

Die Deutsche Bibliothek – CIP-Einheitsaufnahme

Durlach, Frank-Joachim:
Erlebniswelt Wasser : Spielen, Gestalten, Schwimmen ;
Handreichungen zum Schwimmen mit Kindern im Vorschul- und
Grundschulalter / Frank-Joachim Durlach. – 3., unveränd. Auflage
– Schorndorf : Hofmann, 2000
1. Aufl. u.d.T.: Durlach, Frank-Joachim: Spielen, Bewegen, Schwimmen
ISBN 3-7780-3342-5

Bestellnummer 3343

3., unveränderte Auflage 2000

Texterfassung und Fotos: Frank-Joachim Durlach, Ludwigsburg

Gesamtherstellung in der Hausdruckerei des Verlags
Printed in Germany · ISBN 3-7780-3342-5

Inhaltsverzeichnis

Mein besonderer Dank gilt meinem
Kollegen Heinz Lang,
der mir bei der Korrektur von Fehlern
und bei der Verbesserung von Verständlichkeit
und Lesbarkeit des Textes sehr geholfen hat.

Hinweise für den Leser:

Wichtige didaktisch-methodische Sachverhalte sind kursiv gestellt und grau hinterlegt.

Die für die Sicherheit beim Schwimmsport wichtigen Gesichtspunkte sind rot gedruckt und kursiv gestellt.

Vorwort

Der Gedanke, dieses Buch zu schreiben, entwickelte sich im Laufe der Jahre. Durch meine langjährige Tätigkeit in Sport- und Schwimmvereinen mit den verschiedensten Gruppierungen und eine achtzehnjährige hauptamtliche Tätigkeit in der Lehrerfortbildung kann ich auf einen soliden Fundus zum Schwimmen zurückgreifen. Lehrkräfte, die an Fortbildungen zum Schwimmen teilnahmen, waren interessiert an begleitendem Unterrichtsmaterial, das im Laufe der Jahre immer umfangreicher und ausführlicher wurde. Für mich entstand irgendwann der Gedanke, diese Materialien so miteinander zu verarbeiten, daß, so meine Hoffnung, ein für die Praxis handhabbares Buch entsteht.

Meine eigene Schwimmbiographie, gekennzeichnet vom möglichst schnellen Lernen der Schwimmtechniken, dem Ausklammern von Spielen und Gestalten mit und im Wasser, meine Ausbildung als Diplom-Sportlehrer und Sonderschullehrer, die Auseinandersetzung mit Psychomotorik und Motopädagogik, die praktische Tätigkeit (auch noch heute Bestandteil meines Tuns) mit nichtbehinderten, entwicklungsauffälligen, dem Wasser gegenüber ängstlichen sowie behinderten Kindern, haben mich im Laufe der Jahre zur Auffassung gebracht, daß die Bewegungswelt Wasser viel zu schade ist, um sie nur auf „Schwimmenlernen" im traditionellen Sinne zu beschränken.

Unterstützend hinzu kam der Bildungsplan Sport für Baden-Württemberg aus dem Jahre 1984, mit geringfügigen Änderungen 1994 fortgeschrieben, dessen Intention es ist, bei Kindern im Grundschulalter der Bewegungserziehung und vielfältigen Bewegungserfahrungen, eingebunden in materiale Situationen, deutlich Vorrang einzuräumen gegenüber zu früher einseitiger sportartbezogener Spezialisierung. Was für den Sportunterricht gilt, muß zwangsläufig noch mehr Gültigkeit haben für den Schwimmunterricht, ...

...weil Wasser eine (physikalisch) andere (Bewegungs-) Welt ist, die senso-motorisch, aber vor allem

psycho-motorisch

bewältigt werden muß.

Dieses Buch habe ich so zu schreiben versucht, daß es nicht nur Bezug zur Schule aufweist, sondern auch für Übungshelfer und -leiter in Vereinen, die mit Wasser und Schwimmen zu tun haben, geeignet ist. Es fällt mir immer wieder auf, wie einseitig die Sichtweise in den Vereinen ist:

Kinder müssen möglichst schnell Schwimmtechniken lernen, in den meisten Fällen Brust-

schwimmen als die zuerst zu lernende Schwimmtechnik, die hierfür denkbar ungeeignet ist.

- ***Grundlagen schaffen,***
- ***vielfältige Wassererfahrungen sammeln,***
- ***Spielen, Experimentieren und Gestalten mit und im Wasser, ohne und mit Materialien,***
- ***Materialien im Wasser erproben,***
- ***gemeinsam mit anderen Kindern am, im und mit Wasser spielen;***

all dies scheint von vielen Erwachsenen entweder als vertane Zeit betrachtet zu werden oder wird mangels Kenntnissen ausgeklammert.

BREUER/WEUFFEN (1996; S. 103) stellen dazu allgemein fest, daß Spiele und Spielsituationen in der Schule (gemeint ist die Grundschule) immer noch unter Legitimationsdruck stehen und „ob mit der ewigen Spielerei nicht zuviel Zeit vertrödelt wird, ob das Stoffpensum rechtzeitig erfüllt wird, ob alle Schüler genug lernen und in ihren Leistungen gefördert werden" (S. 103). Sie merken weiter an, daß Kinder „sehr viel lernen beim Spiel, wissen die am besten, die selbst mit Kindern spielen" (S. 103).

Neuere Publikationen, die sich mit neuronalen Netzwerken befassen, rechtfertigen diese Gedanken aus wissenschaftstheoretischer Sicht. So sagt SPITZER (1996, S. 62), daß Lernen darauf basiert, „daß Input-Output-Beziehungen immer wieder durchgespielt werden und die Synapsenverbindungen im Netzwerk sich langsam so verändern, daß der richtige Output mit immer größerer Wahrscheinlichkeit hervorgebracht wird." Er folgert aus diesen Erkenntnissen, daß Spiel die unmittelbare Konsequenz von Lernfähigkeit ist. „Da man davon ausgehen kann, daß die Spezies Mensch am lernfähigsten ist, ist sie notwendigerweise nicht nur am spielfähigsten, sie hat das Spielen auch am dringendsten nötig" (S. 62).

Viel Realitätsnähe steckt in der Aussage von HANNIG-SCHOSSER/ULLMANN (1997; S. 103), daß ***Schwimmunterricht auch heute noch in hohem Maße von viel Einfalt statt Vielfalt geprägt ist.***

Auf die heute veränderte Kindheit mit ihren gravierenden Einschränkungen an Bewegungsmöglichkeiten für Kinder und das Überangebot an akustischen und visuellen Medien müssen Erwachsene reagieren. ZIMMER (1993; S. 18) formuliert dies folgendermaßen: *„So eignen sich Kinder die Welt heute vorwiegend aus zweiter Hand an, anstatt sie durch eigenes Handeln, durch Ausprobieren und Experimentieren zu entdecken."* Eindrucksvoll ist diesbezüglich das von KAHL erstellte Video „Das Schwinden der Sinne", welches ebenfalls auf die massiven negativen Veränderungen der Kindheit hinweist. Kinder heute benötigen aber diese „freien" Tätigkeiten, die nicht ständig von Erwachsenen vorgegeben werden aus den verschiedensten Gründen, die im Theorieteil noch ausführlicher darzustellen sein werden. Deshalb habe ich in dieser überarbeiteten Auflage im Theorieteil dem offenen Unterricht, dem „Spielraum"-geben für Kinder, in dem angesprochenen Altersbereich besondere Bedeutung eingeräumt. Gerade vor dieser Offenheit scheinen Unterrichtende besonders viele Ängste zu entwickeln, weil sie „eingefahrene Wege" verlassen bzw. neue Wege beschreiten müssen. In einem anderen Zusammenhang weist EGGERT (1997; S. 16) darauf hin, daß man mit erheblichen Beharrungstendenzen rechnen muß, wenn veränderte Wege in der (Schul)Praxis vorgeschlagen werden.

Dabei sind diese vermeintlichen Neuerungen keineswegs neu, sondern tauchen in den 70er Jahren in dem im Zuge der Bildungsreform entwickelten Verständnis der Grundschule auf (NEUHAUS-SIEMON; 1996). Im Interesse von Kindern scheinen mir diese Veränderungen aber dringend geboten.

Der vielfältig spielerisch-gestaltende Umgang mit Wasser ist ganz besonders wichtig für den Erwerb von Wassersicherheit und Handlungsfähigkeit im Wasser; ist aber auch ein wesentlicher Garant dafür, daß, später darauf aufbauend, sportartspezifische Fertigkeiten ökonomisch, sicher und schnell erworben werden können.

Eltern wie auch Unterrichtende, die an sich selbst nur erfahren haben, daß Schwimmenlernen nur bedeutet, möglichst schnell Brustschwimmen zu können, ohne dabei in der Lage zu sein, das Gesicht ins Wasser zu nehmen oder ins Wasser auszuatmen, übertragen gerne diese eigenen Erfahrungen – ihre Schwimmbiographie – schnell auf (eigene) Kinder. Dennoch dürfen sich Unterrichtende, egal ob in Kindergarten, Schule oder Verein, nicht von außen unter Zugzwang bringen lassen. Manchmal sind aber auch sie durch ihre eigene Biographie und in Unkenntnis neuerer wissenschaftlicher und didaktischer Erkenntnisse im Alten verhaftet.

Erste wichtige Folgerungen heißen:

1. ***Ermöglichen wir allen Kindern im frühen Lebensalter (bereits mit Säuglingen möglich) die Bewegungswelt Wasser in vielfältigster Form für sich zu erobern, gestatten wir ihnen, experimentierend, selbst gestaltend und sinnhaft sich diesen Erfahrungsraum zu erschließen, so leisten wir einen wichtigen Beitrag für eine positive kindliche Entwicklung.***

2. ***Vor der Vermittlung von Schwimmtechniken müssen Kinder umfangreiche Erfahrungen im Wasser und mit dem Wasser machen können. Sportartspezifische Erfahrungen, sprich Schwimmtechniken, sind zunächst zurückzustellen und dürfen keinesfalls zu früh eingebracht werden.***

Nicht alle Kinder können diese Fertigkeiten lernen. Manche Kinder mit motorischen Problemen oder Handicaps können dies durch ihre individuellen motorischen oder/und kognitiven oder/und emotionalen Einschränkungen nicht leisten.

Um die Bewegungswelt Wasser sicher „in den Griff zu bekommen", bedarf es keiner unserer normierten Schwimmtechniken, selbst wenn viele auch heute noch dieser Meinung sind.

Gerade Kinder, die ein Handicap haben, demonstrieren dies immer wieder eindrucksvoll, wenn man sie in nicht-stehtiefem Wasser beobachtet.

3. ***Lassen wir Kinder erkennen, daß Wasser einen hohen Freizeitwert hat und leiten sie auch zu Aktivitäten an, die ans Wasser gebunden sind und die sie in ihrer freien Zeit am und im Wasser anwenden können.***

Theorieteil

1 Grundlegende Bemerkungen

Unter Schwimmenlernen wird noch immer zu sehr nur die Vermittlung der Schwimmtechniken verstanden. Technikaneignung und -verbesserung und die Betrachtung biomechanischer Gesichtspunkte stehen dabei im Vordergrund. Der Ehrgeiz vieler Unterrichtender, aber auch vieler Eltern ist immer noch stark geprägt vom möglichst schnellen Erreichen dieses Zieles.

Für Kinder bedeutet diese Vorgehensweise aber eine erhebliche Einschränkung an für sie wichtigen und notwendigen Erlebnissen, Erfahrungen und Erkenntnissen dem Bewegungsraum Wasser gegenüber, wenn die Inhalte des Schwimmunterrichts mit Kindern im Kindergarten- und Grundschulalter sehr schnell in den sportartbezogenen Erfahrungs- und Lernbereich gelenkt werden. Folgendes wird dabei übersehen:

Für viele Kinder ist Wasser eine neue
und
für alle eine qualitativ andere Bewegungswelt,

die sie sich erobern müssen. Hierfür benötigen sie Zeit und Spielraum und nicht die ständige Gängelung durch Erwachsene.

Wasser vielfältig positiv zu erleben, zu erfahren und zu erkennen, zahlt sich auch in anderer Hinsicht aus: Auf dieser Grundlage werden später problemlos, qualitativ gut und schnell Schwimmtechniken gelernt.

Die ***Unterrichtsgestaltung*** muß in diesem Altersbereich

- ***entdeckendes Lernen***
- ***selbständiges und kooperatives Arbeiten***
- ***eigenständiges Problemlösen als Schwerpunkte haben.***

Die ***Aufgabe für Unterrichtende*** heißt demzufolge:

Lernsituationen schaffen, die die Eigeninitiative und Aktivität der Kinder herausfordern!

Der Deutsche Bildungsrat hat bereits 1970 diese sehr bedeutsamen, leider in Vergessenheit geratenen bzw. auf wenig Gegenliebe stoßenden methodischen Hinweise für den Unterricht an der Grundschule aufgestellt (NEUHAUS-SIEMON, 1996, S. 20–21). Dabei werden

- ***individuelle Förderung und***
- ***innere Differenzierung in Einzel-, Partner- und Gruppenarbeit***

gegenüber dem Frontalunterricht zu unverzichtbaren Unterrichtsformen, denen ein wichtiger pädagogischer Wert zuzuschreiben ist (BREUER/WEUFFEN; 1996; S. 101–102). Diese Aussagen zeigen viel Nähe zu einer Pädagogik, die derzeit im Aufwind zu sein scheint: die MONTESSORI-Pädagogik. STEENBERG (1997, S. 21) weist darauf hin, daß es MONTESSORI wichtig war, dem Kind zu ermöglichen, seinen eigenen Lernweg zu suchen, ihm die Möglichkeit einzuräumen, handelnd und denkend seinen eigenen Weg zu finden. FISGUS/KRAFT (1996) haben ihrem Buch zur Montessoripädagogik in der Regelschule den treffenden Titel gegeben „Hilf mir, es selbst zu tun!" Daß diese Gedanken richtig waren und sind, weisen neue neurophysiologische und -psychologische Erkenntnisse aus. LARGO (1996, S. 13–24) macht deutlich:

Kindliche Entwicklungsprozesse prägen sich unterschiedlich stark aus und laufen unterschiedlich rasch ab.

Dabei können sie *„anstatt einem auch verschiedene Wege nehmen"* (S. 13). Zunehmend setzt sich die Erkenntnis durch, *„daß Entwicklungsverläufe beim individuellen Kind, aber auch im Vergleich zu anderen Kindern, eine hohe Variabilität aufweisen, die bisher nur sehr bedingt beachtet worden ist, aber eine hohe Relevanz für eine normal verlaufende Entwicklung besitzt"* (MICHAELIS, 1996, S. 93).

Dabei ist kindliche Entwicklung als ein ganzheitlicher, holistischer Prozeß zu verstehen.

(BRÜGEBORS, 1992; MICHAELIS/HAAS, 1996, S. 93–101). Sie paßt sich an die Bedingungen der kindlichen Umwelt an, in der Kinder aufwachsen müssen. Es gilt:

Entwicklungsprozesse sind als lebenslange, adaptive Phänomene zu verstehen

(MICHAELIS,1996, S. 45). Unsere Kenntnis über die Variabilität der Entwicklungsdynamik ist nach Einschätzung von LARGO (1996, S. 19) als minimal anzusehen in bezug auf die

Vielfalt möglicher Entwicklungsvarianten

in den verschiedenen Entwicklungsbereichen. Deshalb sollten wir uns nach Ansicht von LARGO davor hüten, bestimmte Verhaltensweisen als gestört abzustempeln (S. 19).

Denkvorstellungen über kindliche Entwicklung haben einen Wandel erfahren: Entwicklungspsychologische Modelle gehen heute von lebenslangen Entwicklungsprozessen aus, welche die Wachstumsmodelle abgelöst haben; die aktuellen Modelle der Persönlichkeitspsychologie betrachten das Individuum als ganzheitlich handelnde Person in spezifischen Umweltkontexten (EGGERT, 1997, S. 12). VARELA und MATURANA (1987) betonen die autopoetische Organisation aller Lebewesen; systemtheoretische Ansätze (PALMOWSKI, 1995, SCHIPEK, 1986) kennzeichnen die enge Verknüpfung und gegenseitige Wechselwirkung von Person und Umwelt.

Diese veränderte wissenschaftliche Sichtweise, die gewandelte Kindheit und die sich wandelnde Gesellschaft müssen Einfluß nehmen auf den Umgang mit Kindern. Die Antwort muß lauten:

Wir müssen offenen Unterrichtskonzepten mehr Gewichtung geben!

Denn dadurch werden die Selbstbildungskräfte der Kinder angesprochen und die Selbständigkeit von Kindern tritt stärker in den Vordergrund. *„Der Weg des Lernens, die Genese von Erfahrung und Wissen, tritt vor das Resultat; die Fähigkeit zu lernen, vor das Bescheidwissen. Lernen wird in erster Linie als Prozeß, als fortlaufender gemeinsamer Prozeß des Sinnstiftens..., verstanden."* (KASPER, 1996; S. 190). Da in der überwiegenden Mehrzahl Kindergartengruppen und Grundschulklassen im Hinblick auf Lernvoraussetzung, Arbeits- und Sozialverhalten äußerst heterogen sind, greifen traditionelle Unterrichtsformen nicht mehr. KASPER (1996, S. 191) möchte diese Veränderungen jedoch nicht als Mangel verstanden wissen, sondern betrachtet dies als Konsequenzen veränderter Lebenswelten, auf die sich Kindergarten und (Grund)-Schule einstellen müssen.

Offene Unterrichtssituationen berücksichtigen weit mehr die Individualität von Kindern, ihre unterschiedlichen Lerntempi und -strategien. Wenn FISCHER (1996, S. 119/120) darauf hinweist, daß die Entwicklung des Kindes möglichst als selbstgestalteter Prozeß anzulegen ist, bei dem sich das Kind zunehmend seiner eigenen Gestaltungsmöglichkeiten bewußt wird und die Weiterentwicklung des Kindes nur auf seinem aktuellen Entwicklungsstand geschehen kann, werden zwangsläufig individuelle Könnens und Problemlagen berücksichtigt. Das Kind erhält eine aktive Rolle im Verlauf von Aufgaben- und Problembewältigungen. Es kann somit seine eigene Entwicklung über Handlung beeinflussen. Es erhält eigenen Entscheidungsspielraum. Offenheit im Unterricht hat den Vorteil, daß dem individuellen Betreuungsanspruch, vor allem lernschwächerer Kinder, Rechnung getragen werden kann und die Chance darin zu sehen ist, daß Lehrkräfte Raum haben für fördernde Einzel- und Gruppenzuwendung und für prozeßbezogene Beobachtung. KASPER (1996, S. 188) macht jedoch darauf aufmerksam, daß nur besonders qualifizierte Lehrkräfte offene Unterrichtskonzepte nutzen können.

Überträgt man diese Aussagen auf den Schwimmunterricht, bedeutet dies, daß mit Kindern im Kindergartenalter und den Klassenstufen eins und zwei der Grundschule das methodische Vorgehen eine klare Schwerpunktsetzung im offen gestalteten Unterricht erfahren muß.

In den Klassenstufen drei und vier können dann geschlossene Unterrichtssituationen stärker aufgegriffen werden, die sportartbezogene Erfahrungen vermitteln, ohne daß dabei offene Unterrichtssituationen verlorengehen.

Dennoch dürfen auch in den Klassenstufen drei und vier sportartbezogene Erfahrungen den Schwimmunterricht nicht dominieren. Bei dieser Aussage muß jedoch bedacht werden, daß diese Vorgehensweise davon abhängig ist, ab welchem Alter Kinder sich regelmäßig im Wasser aufhalten können.

Haben Kinder bereits im Kindergarten oder ab der Klassenstufe eins kontinuierlich Schwimmunterricht, dann greift die zuvor gemachte Aussage.

Erfahren Grundschüler z. B. erst ab der Klassenstufe drei regelmäßigen Schwimmunterricht, so muß nachgearbeitet werden, d. h. diesen Schülern muß auch in der Klassenstufe drei sehr viel Raum für offene Unterrichtssituationen eingeräumt werden. Man kann von einer wasserbezogenen Entwicklung im Nachvollzug sprechen.

Auch diejenigen Kinder, die bereits vor dem Schwimmunterricht in der Grundschule einen Schwimmkurs besucht haben oder besuchen, brauchen offene Unterrichtssituationen, obwohl sie eine Schwimmtechnik, meist „Brustschwimmen" können. Denn Schwimmkurse, die von Schwimmvereinen, DLRG-Ortsvereinen oder ähnlichen angeboten werden, sind nach wie vor so orientiert, daß möglichst schnell eine, dazu noch sehr ungünstige Schwimmtechnik, das Brustschwimmen, gelehrt wird und offene Unterrichtssituationen gänzlich fehlen.

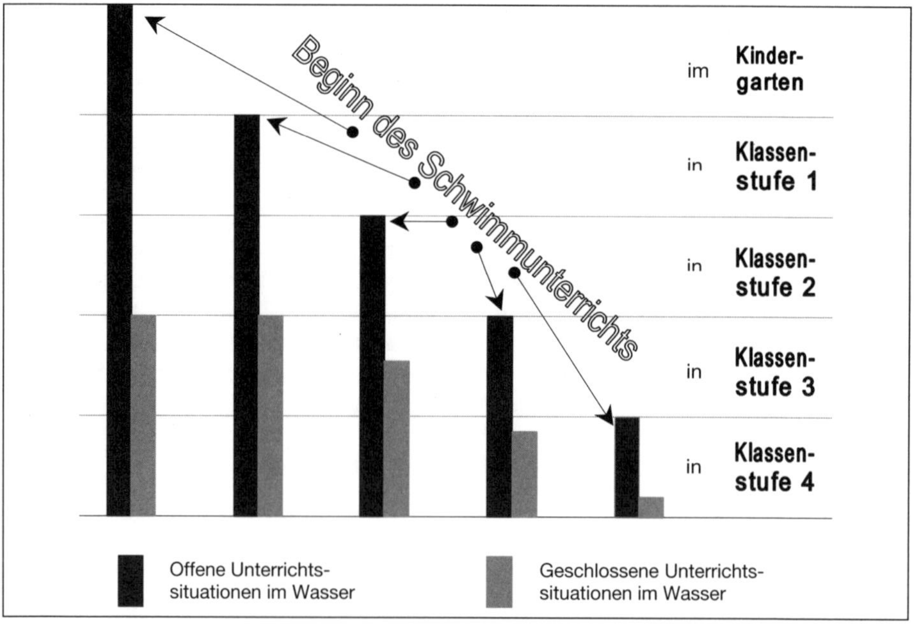

Abb. 1: Die Abbildung versucht, den zuvor angesprochenen Sachverhalt bezüglich der zeitlichen Umfänge von offenen und geschlossenen Unterrichtssituationen in Abhängigkeit vom regelmäßigen Beginn von Schwimmunterricht deutlich zu machen.

Offene Unterrichtssituationen stellen den *prozeßorientierten Verlauf* in den Mittelpunkt des Geschehens. Dabei ist das Endprodukt von nur untergeordneter Bedeutung. In diesen Situationen rücken Unterrichtende aus dem Zentrum des Geschehens an die Peripherie, sind aber dennoch aktiv am Geschehen beteiligt, jeodch in anderer Art:

- ***Sie stellen die Situation bereit.***
- ***Sie weisen u. U. Materialien zu.***
- ***Sie formulieren Bewegungsaufgaben oder -themen.***
- ***Sie sind Beobachter.***

Aus Beobachtungen können oftmals wichtige Schlußfolgerungen gezogen werden, wenn man im Beobachten geschult ist (LEDL, 1994).

- ***Sie stellen sich als Helfer zur Verfügung, wenn von Kindern Hilfe gewünscht wird oder sie dem Beobachter als angebracht erscheint.***
- ***Sie greifen in gefährlichen Situationen ein, um Unfälle zu vermeiden, um die Gefährdung anderer Kinder zu verhindern oder Material vor Zerstörung zu bewahren.***
- ***Sie bringen sich im Wasser in Bewegungssituationen ein, wenn sie dabei ihre Aufsichtspflicht wahrnehmen können.***

Ein derartiges unterrichtliches Vorgehen erfordert, wie bereits erwähnt, noch mehr Vorbereitung auf den Unterricht bzw. setzt hohe Kompetenz von Unterrichtenden voraus. HILDEBRANDT (1993) weist meinens Erachtens zurecht darauf hin, daß

die Situation besser lehrt als die Instruktion!

Offene Unterrichtssituationen, die Kindern Handlungsspielraum lassen, ermöglichen ihnen viel mehr an Selbständigkeit und Entscheidungsfähigkeit sowie Planung im eigenen Handeln. Dadurch erwerben sie Kompetenz, die sich definieren läßt als die Fähigkeit, auf wirksame Weise mit der Umgebung umzugehen, auf sie einzuwirken, sie zu gestalten. Diese Kompetenzerfahrungen haben ein positives Selbstwertgefühl zur Folge und bedeuten Gewinn an Selbsterkenntnis. ZIMMER (1996) geht zu Recht davon aus, daß solche positiven Bewegungserlebnisse einen ganz wichtigen Beitrag leisten für den Aufbau des „Selbst“, weil gerade der menschliche und ganz besonders der kindliche Körper das elementarste und wichtigste Experimentierfeld darstellt.

Kinder, deren *Entwicklung auffällig* ist, die mit ihrer eigenen Bewegung Probleme haben und/oder deren Wahrnehmungsfähigkeit nicht richtig ausgebildet ist und die dadurch verunsichert sind, weil sie im Laufe ihres bisherigen Lebens häufig Mißerfolge hatten, oder die auf das Wasser bezogen aus irgendwelchen Gründen Ängste diesem Element gegenüber aufgebaut haben, benötigen diese offenen Situationen ganz besonders. Sie können durch diese Vorgehensweise ihr Lerntempo selbst „in die Hand" nehmen und treffen selbst die Entscheidung, wann sie sich an den nächsten schwierigeren Schritt heranwagen. Mit den Worten von Zimmer (1996) heißt dies:

Positive Bewegungserlebnisse können besser als andere Situationen zur Stabilisierung der Persönlichkeit des Kindes beitragen, weil sie das Selbstwertgefühl verbessern und eine Stärkung des eigenen Zutrauens bewirken.

Eggert (1997) hat in seinem Hauptreferat anläßlich des Kongresses „Sport in Sonderschule und Verein – Chancen, Wege und Möglichkeiten – Sport für alle!" Untersuchungen zitiert, die belegen, daß Kinder, die derartig gefördert wurden, eine weit bessere Toleranz gegen Mißerfolge auch in anderen (Unterrichts)Situationen entwickelt haben.

Motorische Förderung kann in diesen Sinnzusammenhängen nicht als isoliertes Funktionstraining, betrachtet werden. Sie soll bewirken, daß

Kinder auch in ihrer emotionalen, sprachlichen, kognitiven und sozialen Entwicklung Fortschritte machen!

(Zimmer, 1996, S. 42). Kinder handeln stets in ganzheitlichen Bedeutungszusammenhängen. Dabei geht die Bestärkung des kindlichen Tuns von seiner Tätigkeit aus. Das Kind sollte unabhängig werden von der Bewertung anderer und in seinem Tun Befriedigung finden, dabei kann es selbst die Entscheidung treffen, was es sich bereits zutraut und wo es sich noch zurückhält.

Es könnte sein, daß manche Leser nun meinen, daß es für Kinder bei einer derartigen Vorgehensweise keine oder nur geringe Fortschritte geben könnte. Dem muß aus vielfältigen eigenen Unterrichtsbeobachtungen heftig widersprochen werden. Interessant ist eine Veröffentlichung von Schädle-Schardt (1997), bei der das Bewegungslernen von Kindern und Jugendlichen in ihrer Freizeit beobachtet und ausgewertet wurde. Dabei kristallisierten sich folgende wichtigen Ergebnisse heraus:

- ***Kinder erschließen sich ohne jegliche Führung pädagogischen Sachverstandes erstaunlich geschickt ihre Bewegungsräume und erwerben sich intuitiv richtig schrittweise Fertigkeiten.***
- ***Sie variieren dabei spielerisch die Bewegungsstrukturen.***
- ***Sie arbeiten mit Beharrlichkeit und Drill an der Verbesserung der Fertigkeiten.***
- ***„Es bildet sich eine Art entdeckendes Lernen ab, bei dem das methodische Prinzip „vom Leichten zum Schweren" in natürlicher Weise Anwendung findet. Kinder offenbaren (fast***

immer) eine Art Instinkt, der ihnen aufgrund einer Auswahl bewältigbarer Übungen Erfolg in Aussicht stellt, sie zudem vor körperlichem Schaden bewahrt und dadurch der Aktivitätsstrom in Gang gehalten wird" (S. 31). Die Erfahrung zeigt, daß Unfälle die absolute Ausnahme darstellen.

Aussagen in derselben Richtung sind nachzulesen bei von Cube (1994) und Nickel (1994), die ihre Aufsätze überschrieben haben mit *„Kann Sicherheit gefährlich sein?"* bzw. *„Etwas riskieren"*. Sehr anschaulich wird dieses Thema in bewegten Bildern im von Hentschel (1993) verfaßten Video *„Wer sich nicht bewegt, bleibt sitzen – Freiräume für situative Bewegungsanlässe im Alltag von Kindertagesstätten"* demonstriert.

- ***Ängste von Erwachsenen und ihre verbalen Äußerungen bewirken nicht selten, daß Initiativen der Kinder im Keim erstickt werden. Erwachsene sollten die Unangemessenheit ihrer Ängste und die Kompetenz von Kindern erkennen.***

Auf Schwimmunterricht bezogen stelle ich diese Ängste bei Erwachsenen dann fest, wenn Kindern, die noch keine normierte Schwimmtechnik können, frühzeitig der Aufenthalt im nichtstehtiefen Wasser angeboten wird. Über viele Jahre hinweg konnte ich damit sehr gute Erfahrungen sammeln, die in einem nachfolgenden Kapitel erläutert werden.

Ängste seitens Erwachsener stelle ich auch in hohem Maße fest, wenn es um den Schwimmunterricht für/mit körperbehinderte(n) und geistigbehinderte(n) Kinder(n) und Jugendliche(n) geht. Sie blockieren oftmals durch ihre unbegründeten Ängste bzw. durch negative Zuschreibungen die Entwicklung dieser Kinder und Jugendlichen im Wasser.

- ***Über alle Altersstufen hinweg war zu beobachten, daß eine Mischung aus monotonen und variablen Übungsausführungen bevorzugt wurde.***

  Über alle Altersstufen hinweg wurde zudem beobachtet, daß Lernen und Üben unter engen und monotonen Ausführungsbedingungen eher selten zu finden war.

  Die Altersgruppe der drei- bis siebenjährigen wechselte häufiger das Bewegungsthema und beschäftigte sich damit weniger lang (ca. drei bis fünf Minuten). Dennoch war das „Von-allem-ein-bißchen" von selbstauferlegtem Drill durchsetzt.

  Dieser Wechsel scheint dem Entwicklungsstand in diesem Altersbereich angepaßt zu sein und darf von Erwachsenen nicht negativ bewertet werden.
- ***Anregungen holten sich vor allem die Jüngeren aus der Be-***

obachtung der Großen. In altersheterogenen Gruppen muß deshalb nicht aufwendig erklärt werden, sondern die Situation erklärt und initiiert weitere Variationen zum Thema.

SCHÄDLE-SCHARDT (1997) zieht aus den Beobachtungen folgende Konsequenzen:

- ***Der Betätigungsvielfalt (Fertigkeitsfülle) muß in Unterrichtssituationen Beachtung geschenkt werden, um insbesondere der Lust nach Abwechslung entgegenzukommen.***
- ***Fremdbestimmtes und selbstbestimmtes Bewegungslernen sind als Elemente eines Regelkreises zu verstehen.***
- ***Der „Abarbeitungscharakter" und die Dominanz prüfungsrelevanter Wettkampfnormen sollte zugunsten des Spielerischen zurücktreten.***

Die Beobachtungen und die daraus gezogenen Schlußfolgerungen von SCHÄDLE-SCHARDT lassen sich durch das derzeitige Wissen um neuronale Netzwerke und die Erkenntnisse aus bildgebenden Verfahren (PET: Positronenemissionstomographie; MRI: Kernspintomographie) erklären. Zum Thema „neuronale Netzwerke" und Lernen empfehle ich interessierten Lesern folgende Literatur: POSNER/RAICHLE (1996); ROTH/PRINZ (1996); SPITZER (1996); Spektrum der Wissenschaft, DOSIER 4/97: Kopf oder Computer und das Video „Die Welt im Kopf".

Es wurde bereits an anderer Stelle darauf verwiesen, daß *Wasser* durch seine *physikalische Andersartigkeit* im Vergleich zu unserem alltäglichen Umgebungsmedium Luft gekennzeichnet ist. Dies bedeutet, daß der Mensch nur *durch viel Erfahrung* in der Lage ist, *sich* dieser Andersartigkeit *anzupassen* und nur durch seine angepaßten Tätigkeiten auf *das Wasser einwirken* kann. Wenn MATURANA und VARELA (1987) darauf verweisen, daß jedes Tun Erkennen ist und jedes Erkennen im Tun begründet liegt (S. 31), das Phänomen der Erkenntnis eine Ganzheit darstellt (S. 33) und Erkenntnis als wirksame Handlung anzusehen ist, die es einem Lebewesen erlaubt, seine Existenz darin fortzusetzen, indem es dort seine Welt hervorbringt (S. 36), bedeutet dies, daß nur über vielfältige Tätigkeiten diese Erkenntnisprozesse erschlossen werden können. Wer Schwimmen unterrichtet – ob im Kindergarten, der Schule oder im Verein – muß sich um die physikalische Andersartigkeit des Elementes Wasser und den daraus resultierenden *methodischen Konsequenzen* bewußt sein. Nur durch dieses Wissen ist sichergestellt, daß die zuvor gemachten Ausführungen die richtige Einordnung und Beachtung erfahren. Auf diese Zusammenhänge weist auch REISCHLE (1988) zu Recht hin.

Diese Andersartigkeit des Wassers wirkt auf alle menschlichen Wahrnehmungssysteme mit neuen und unbekannten Reizen. Regelmäßiger Aufenthalt im Wasser schafft mit großer Wahrscheinlichkeit eine ***Erweiterung der senso-motorischen Erfahrung und Erkenntnis.***

- Durch die der Schwerkraft entgegenwirkende *Auftriebskraft* kann sich der Mensch im Wasser fast schwerelos bewegen. Dadurch ergeben sich veränderte, aber auch vielfältige neue Bewegungsmöglichkeiten.

  Der Auftrieb des Wassers bereitet oftmals Anfängern Schwierigkeiten, weil die Füße nicht am Boden bleiben wollen. Kinder müssen durch aktives Tun lernen, wie sie mit ihren Füßen den Kontakt zum Boden erhalten können und wie sie nach Verlust des Bodenkontaktes wieder den Boden unter ihre Füße bekommen. Deshalb sind Kinder, die keine oder nur wenig Erfahrung mit dem Wasser haben, gerade im stehtiefen Wasser ständig zu beobachten. Dieses Beobachten ist noch wichtiger bei Kindern, die ihre Motorik nicht sicher „im Griff" haben, die ein Handicap aufweisen, z. B. eine – wenn auch gering ausgeprägte – spastische Diplegie der Beine, oder die Angst dem Wasser gegenüber zeigen. Viele Erwachsene glauben, daß stehtiefes Wasser eine harmlose Situation sei, die keiner besonderen Aufmerksamkeit bedarf. So ist es erklärbar, weshalb manchmal die Aufsichtspflicht im stehtiefen Wasser sorgloser gehandhabt wird. Her kann nur warnend der „Zeigefinger erhoben" werden.

  Im Gegensatz dazu halte ich Situationen in nicht-stehtiefem Wasser für weit weniger schwierig, weil Kinder dieser Situation viel mehr Aufmerksamkeit widmen, zurückhaltender in ihrem Handeln sind und einen nächsten Schritt erst dann wagen, wenn sie sich durch ihre erworbenen Fertigkeiten dazu in der Lage fühlen. Zudem konzentrieren sich aufsichtspflichtige Erwachsene mehr auf das Geschehen in solchen Situationen.

- Im Wasser kann man sehr intensiv *Wasserdruck* und *Wasserwiderstand* am eigenen Körper und an Materialien, z. B. dem Schwimmbrett erleben, erfahren und erkennen. Der auf den Körper wirkende Wasserdruck stimuliert die *haptische* (Hände und Finger) und *taktile* (Körperoberfläche) *Wahrnehmung* und *Tiefensensibilität* (Propriozeption).

  Das Sinnesorgan der haptisch-taktilen Wahrnehmung ist die gesamte Körperoberfläche. Unsere Haut ist das größte menschliche sensorische Organ: Sie umhüllt unseren Körper, stellt die Abgrenzung zwischen Innen und Außen dar. Der Tastsinn trägt wesentlich zur Gestaltwahrnehmung bei und ist maßgeblich an der Entstehung der Raumvorstellung beteiligt (HANDWERKER, 1993, S. 221–222).

  Zur *Tiefensensibilität* gehört die Propriozeption: Dies sind Sinneseindrücke, die durch die Reizung von Muskel, Sehnen- und Gelenkrezeptoren entstehen.

- Der *Gleichgewichtssinn,* der einen wichtigen Beitrag zur Propriozeption leistet (HANDWERKER, 1993, S.

232), erfährt im Wasser andere und neue Reize.

- *Hören* und *Sehen* ist im und vor allem unter Wasser verändert.

Die Reize aus den verschiedenen Wahrnehmungssystemen müssen verarbeitet und integriert werden, um ein „Ganzes" entstehen zu lassen. Diese Verarbeitung geschieht in tiefer gelegenen Gehirnbereichen, dem Stammhirn, und dort im Netzwerk der Formatio Reticularis mit der anschließenden Weiterleitung an den sensorischen Kortex (LURIJA, 1995, S. 42). Von hier aus gibt es sehr enge Verknüpfungen zum Limbischen System, das für die Emotionalität, das Gefühlsleben verantwortlich ist. Erlebnisse werden emotional bewertet, wobei starke und positive Erlebnisse anders behandelt werden als persönlich belanglosere (MARKOWITSCH, 1996, S. 54). Es scheint so zu sein, daß für die Verarbeitung und Integration sensorischer Informationen emotionale und motivationale Zustände eine gewichtige Bedeutung haben. Erst neuerdings beginnt man zu erkennen, *„daß das limbische System außerdem in vieler anderer Hinsicht wichtig ist, so etwa zur Bewertung von Sachverhalten – und in dem Zusammenhang durchaus auch beim Denken mitwirkt."* (MARKOWITSCH, 1996, S. 57). Zugleich ist es *„die Instanz, die relevante Inhalte aussortiert, mit Emotionen* versieht *und wahrscheinlich bündelt, mithin synchronisiert, bevor sie sie bestimmten Bezirken der Hirnrinde zur Ablagerung zuordnet."* (MARKOWITSCH, 1996, S. 57). Zudem ist die Formatio Reticularis mit ihrem aufsteigenden Teil für die Aktivierung und den Wachheitsgrad des Kortex verantwortlich (LURIJA, 1995, S. 39 ff.). Das Eintreffen von Reizen aus der Außenwelt auf die Formatio Reticularis führt zu deren Aktivierung (LURIJA, 1995, S. 50).

Wenn MICHAELIS (1994, S. 53) feststellt, daß viele Kinder mit Wahrnehmungs- und Verarbeitungsstörungen in Schwierigkeiten geraten beim Erlernen von Malen und Schreiben und in den ersten Schuljahren eine Schreibschwäche als Teilleistungsstörung entwickeln können, so läßt sich die These aufstellen, daß der frühe und regelmäßige Aufenthalt im Wasser einen Beitrag leisten könnte zur Verbesserung der haptisch-taktilen Wahrnehmungs- und Verarbeitungsfähigkeit. Interessant wäre sicherlich, eine wissenschaftliche Untersuchung in dieser Richtung durchzuführen, wobei es zur Überprüfung der Wahrnehmungsleistungen im haptisch-taktilen Bereich nahezu keine Überprüfungsverfahren gibt.

- Wasser, mit den in Schwimmbädern üblichen Temperaturen, *entzieht* dem Körper *Wärme* und löst ungewohnte, dem vegetativen Nervensystem zuzuordnende, willentlich nicht beeinflußbare *Reflexmechanismen* aus. Durch regelmäßigen Aufenthalt im Wasser werden Anpassungsmechanismen ausgelöst, die den Organismus widerstandsfähiger machen. Dies scheint in unserer heutigen Gesellschaft leider kein so wichtiges Thema mehr zu sein.

Für *Kinder mit cerebraler Bewegungsstörung*, vor allem Spastizität, sind diese Wassertemperaturen im Grunde zu niedrig, weil sie ein Ansteigen des Muskeltonus nach sich ziehen. Hierbei sind jedoch folgende Differenzierungen zu berücksichtigen:

Für Kinder mit einer geringer ausgeprägten Spastizität, die sich selbst bewegen können, sind diese Wassertemperaturen zu akzeptieren. Sie dürfen unter Umständen nur nicht zu lange im Wasser bleiben. Die Entscheidung, ob das Kind früher das Wasser verlassen sollte, ist immer individuell zu treffen; hängt von der momentanen Befindlichkeit ab und bedarf der Beobachtung und des Einfühlungsvermögens des/r betreuenden Erwachsenen.

Kinder mit schwereren Formen der Spastizität, deren Bewegungsmöglichkeiten so gering sind, daß sie sich nicht selbst im Wasser bewegen können, sondern von einem Erwachsenen bewegt werden müssen (Handling) und bei denen durch den Aufenthalt im Wasser eine Senkung des Muskeltonus angestrebt wird, benötigen eine Wassertemperatur im sog. Indifferenzbereich, d. h. etwa 37 °C. Als in der Praxis sehr wirkungsvoll erwiesen haben sich hierfür aufblasbare (möglichst runde) Planschbecken, die auf dem Wasser schwimmen und mit Wasser der entsprechenden Temperatur gefüllt werden. Durch die Menge der in die Kammern eingefüllten Luftmenge lassen sich gute Körperpositionen für die Lagerung durch den Wulst des Planschbeckens erreichen, die das „Einschießen" pathologischer Reaktionen verhindern. Mit Materialien, z. B. Schwamm oder Bürste kann zudem die Körperoberfläche durch haptisch-taktil-propriozeptive Reize stimuliert werden. Die Bewegung des Planschbeckens mit unterschiedlichen Geschwindigkeiten und Drehungen führt zudem zur vestibulären Stimulation. Hier wird im Sinne FRÖHLICHS (1991) basale Stimulation erreicht.

Dieses Vorgehen stellt sicher, daß diese Kinder während des Schwimmens in der Gruppe verbleiben und nicht separiert werden. Diese Situation macht nur Sinn in Wassertiefen, in denen der Erwachsene stehen kann. Nur in Ausnahmesituationen ist dies auch im nicht-stehtiefen Wasser möglich, grenzt jedoch den Betreuer in seinen Einwirkungsmöglichkeiten ein.

Entwicklungs-, bewegungsauffällige und *behinderte Kinder erfahren Wasser* oftmals als eine *Bewegungswelt*, die ihnen *weit weniger Hindernisse in den Weg stellt* als dies an Land der Fall ist. Im Wasser können sie teilweise recht gute Leistungen erbringen. Die Bewegungswelt Wasser ist für sie *aus psycho-motorischer Sicht* ein ganz *wichtiger Aktivitätsraum*.

Das menschliche Gehirn ist ein hochkomplexes, ganzheitlich aufgebautes funktionelles System (LURIJA, 1995, S. 10), das nicht nur durch die Komplexität seines Aufbaus gekennzeichnet ist, sondern auch durch die Mobilität seiner Bestandteile (LURIJA, 1995, S. 23). Nur ein solch komplexer Aufbau, der auch die Motorik betrifft, *„kann der Grundbedingung einer invarianten Aufgabenstellung, der Durchführung mit varianten Mitteln und das Erreichen eines invarianten Ziels als Folge der Anwendung dynamisch veränderlicher Mittel genügen"* (LURIJA, 1995, S. 24). Willkürbewegung und mehr noch jede Manipulation ist ein komplexes funktionelles System, das eine Anzahl von Bedingungen erfüllen muß (LURIJA, 1995, S. 31). Eine motorische Handlung kann nur dann in angemessener Weise erfolgen, wenn ein System afferenter Synthesen vorhanden ist. Die fortlaufende Zufuhr afferenter Informationen ist letztendlich für die erfolgreiche Verwirklichung der letzten Komponenten jeder Willkürbewegung, nämlich der Überprüfung des Bewegungsverlaufes und der Berücksichtigung aller Fehler, unerläßlich (LURIJA, 1995, S. 252). Jede Bewegung wird immer in räumlichen Koordinaten ausgeführt und benötigt deshalb die Verarbeitung räumlich-visueller Afferenzen. Dazu sind Informationen aus dem optischen, dem vestibulären und dem kinästhetischen Bereich, die miteinander verrechnet werden, unerläßlich (LURIJA, 1995, S. 31). Bei der Ausführung einer Willkürbewegung geht die Verantwortlichkeit auf afferente Synthesen über, *„obwohl die motorische Aufgabe ihre Steuerungsfunktion beibehält"* (LURIJA, 1995, S. 251).

„Die Verantwortlichkeit wird jenen afferenten Synthesen übertragen, die einerseits Informationen über die räumliche Lage der sich bewegenden Extremitäten und über den Zustand des Muskelsystems liefern" (LURIJA, 1995, S. 251). Jede Handlung besteht aus einer Kette aufeinanderfolgender Bewegungen. Jedes Bewegungselement muß nach seiner Vollendung gehemmt werden, damit das nächste an seine Stelle treten kann (LURIJA, 1995, S. 32).

„Im Verlauf der Entwicklung motorischer Fertigkeiten zieht sich die Kette voneinander unabhängiger Impulse zusammen, so daß komplexe Bewegungen schließlich als eine einheitliche kinetische Melodie ausgeführt werden" (LURIJA, 1995, S. 32). Willkürbewegungen (Praxien) sind ein komplexes funktionelles System, welches das Zusammenwirken von Gruppen kortikaler und subkortikaler Regionen benötigt (LURIJA, 1995, S. 33). Menschliche Bewegungen sind höchst variabel und besitzen einen ungemein hohen Freiheitsgrad (LURIJA, 1995, S. 248).

Aus dem bislang Erörterten ergeben sich folgende ***Forderungen an den Schwimmunterricht mit Kindern im Vorschul- und Grundschulalter:***

1. ***Kinder müssen Wasser vielfältigst erfahren, erleben und erkennen dürfen.***

   Es sind ihnen verschiedenste Erfahrungen am, im, ins, unter und über Wasser zugänglich zu machen.

2. ***Sie müssen viel Gelegenheit erhalten, in offenen Situationen mit ihrem eigenen Körper und mit Materialien im Wasser zu spielen, zu experimentieren und zu gestalten.***

3. *Sie müssen sich im Wasser wohlfühlen und mit Freude im Wasser sein. Erst dann ist ihre Lernfähigkeit dem Wasser gegenüber gesichert.*

4. *Sie müssen die Bewegungswelt Wasser sicher beherrschen lernen.*

Diese Vorgehensweise stellt sicher, daß...

... sich ihre Wahrnehmungs- und Bewegungssysteme für das Element Wasser bestmöglich ausbilden und,
... sie Kompetenz dem Wasser gegenüber erwerben.

Dadurch wird sichergestellt, daß ...

... sie im Wasser handlungsfähig werden.

Wichtige, ***aufeinanderfolgende „Stationen"*** auf dem ***Weg zum Erreichen dieser Handlungsfähigkeit*** sind meines Erachtens:

1. *Hemmungen bzw. Ängste dem Wasser gegenüber, sofern vorhanden, müssen abgebaut werden.*

Kinder, die sehr früh (im Vorkindergarten und Kindergartenalter) regelmäßigen Kontakt mit dem Wasser haben, entwickeln Ängste überhaupt nicht. In der Konsequenz bedeutet dies, daß Eltern und der Kindergarten Kindern regelmäßig das Angebot Wasser machen müßten, ohne irgendwelche Gedanken in Richtung Schwimmtechniken zu haben. Auf spielerisch-experimentierende Art und Weise sollen sich Kinder in diesem Alter das Wasser erobern dürfen.

Für *gehemmte bzw. ängstliche Kinder* ist dringend geboten, daß die *Grundschule so früh wie möglich Schwimmunterricht* anbietet: in der Klassenstufe eins, spätestens zwei. Denn dann besteht noch eine gute Chance, vorhandene Hemmungen oder Ängste zu beseitigen.

In der Regel benötigen diese Kinder

- (viel) Zeit,
- eine positive Beziehung zur Lehrkraft,
- positive Erlebnisse zum Aufbau von Selbstbekräftigung, die ihnen ermöglicht, den nächsten Entwicklungsschritt zu vollziehen.

Manchmal kann es im Einzelfall notwendig sein, auf ein Kind sanften Druck auszuüben. Dies muß wohlüberlegt werden und ist nur vertretbar, wenn man das Kind gut kennt, weil diese Vorgehensweise sonst viel Schaden anrichten kann.

2. *Kinder müssen Freude im Umgang mit dem Wasser entwickeln.*

Kinder müssen durch positive Erlebnisse sich mit und im Wasser wohlfühlen. Sie müssen Freude haben im Umgang mit Wasser. Am Ende jeder

Schwimmstunde sollten sie nur widerwillig das Wasser verlassen und sich bereits auf die nächste freuen. Dies ist ein ganz wichtiger Schritt, damit Kinder *lernfähig* sind im Umgang mit dem Element Wasser!

Wer diese Entwicklungsstufe im Wasser nicht erreicht, wird mit diesem Element sein Leben lang Probleme haben!

3. Kinder sollen problemlos mit jeder Wassersituation zurechtkommen

Wer nur Brustschwimmen kann mit Gesicht über Wasser, Angst hat sein Gesicht ins Wasser zu legen und sich weigert, mit seinem Körper unter Wasser zu gehen, hat diese dritte, ganz wichtige Stufe nicht erreicht. Ein solches Kind hat mit dem Element Wasser Probleme. Kinder zu solchen „Pseudoschwimmern" zu machen, hat der Schwimmunterricht in jedem Fall zu vermeiden.

Unter diesem Gedanken kann ich heute, aus den eigenen vielfältigen Erfahrungen heraus, jeder(m) Unterrichtenden raten, Kinder schon sehr früh die Wassersituation erfahren zu lassen, in der sie keinen Boden mehr unter den Füßen haben, obwohl sie noch keine Schwimmtechnik beherrschen. Dazu sind jedoch *geeignete Hilfsmittel*, wie Schwimmflossen, -sprossen, „nudeln", -bretter und Pull-Buoys erforderlich, die je nach Leistungsstand differenziert eingesetzt werden müssen.

Nicht geeignet sind dagegen am Körper festgemachte Hilfsmittel, die aus meiner Sicht in der Regel keinen Platz im Schwimmunterricht haben dürfen. Nur in Extrem„fällen" sollten sie als letztes Mittel zur Anwendung kommen. Sie verändern die Wahrnehmung dem Element Wasser gegenüber und bauen falsche Bewegungsmuster auf.

Dieses Vorgehen setzt voraus, daß die Schwimmgruppe überschaubar ist und Unterrichtende helfen können, falls es einmal zu einer Notlage kommen sollte (siehe Kapitel 4)!

Deshalb müssen Lehrkräfte, die Schwimmunterricht erteilen, sich sicher im und unter Wasser bewegen können!

Beginn des Schwimmunterrichts

Spielen, Experimentieren, Gestalten

Ziel ist
die ganzheitliche Anpassung an die besonderen physikalischen Eigenschaften des Wassers.

Dieser Anpassungsprozeß ist nie abgeschlossen!

Inhalte

- Bewegt werden im Wasser (wichtig für Kinder im ersten Lebensjahr und für schwerst- und schwerstmehrfachbehinderte Menschen)
- Ohne und mit Materialien
- in unterschiedlichen Wassertiefen
- alleine, mit Partner und in der Gruppe

Sich bewegen in nicht-stehtiefem Wasser

Ziel ist es,
diese Wassersituation *senso-*, vor allem aber *psycho-motorisch ohne Fremdhinweise* zu bewältigen.
Anfangs sinnvolle Hilfsmittel wie Schwimmflossen, sprosse(n), -brett, -„nudeln“, Pull-Buoys verwenden.
Diese müssen individuell kombiniert werden. Es dürfen nicht alle Kinder gleich behandelt werden.
Keine am Körper festgemachten Auftriebshilfen verwenden ! Diese nur in extremen Ausnahmesituationen einsetzen.
Konsequenter Abbau der Hilfsmittel mit dem Ziel, irgendwann ohne ein Hilfsmittel diese Wassersituation „im Griff“ zu haben.
Es gibt Menschen, deren motorisches Handicap, z. B. Formen spastischer Tetraplegie so groß ist, daß sie für die selbständige Fortbewegung im Wasser immer auf Schwimmflossen angewiesen sind.

Wasserbewältigung

Ziel ist es,
die besonderen physikalischen Eigenschaften des Wassers zu erleben, zu *erkennen* und sie für Tätigkeiten im Wasser nutzbar zu machen.

Inhalte

- Den Körper nur durch Ausatmen (Blasen blubbern) absinken lassen
- Ausatmen ins Wasser und Einatmen über Wasser rhythmisch verbinden
- Statischer Auftrieb/Schweben
- Dynamischer Auftrieb/Gleiten
- Springen/Fliegen ins Wasser

Der Inhalt „Springen/Fliegen ins Wasser“ kann bereits im Erfahrungsbereich „Sich Bewegen in nicht-stehtiefem Wasser“ angeboten werden.

Schwimmtechniken

Ziel ist es,
Schwimmtechniken (ST) *qualitativ gut zu lernen.*

Wichtige Gesichtspunkte:

- Wahl der ersten ST
- Aufeinanderfolge der ST
- Guter methodischer Weg
- Zeit zum Wiederholen / Üben

Ausnahmen:
Kinder mit koordinativen Problemen, für die das Lernen einer normierten ST keinen Sinn macht. Geeignet ist die Mischform zweier normierter Schwimmtechniken: Wechselbeinbewegung und Armbewegung des Brustschwimmens.
Kinder mit Handicaps:
Das Machbare hängt ab von der motorischen, kognitiven und emotionalen Leistungs- und Steuerungsfähigkeit.

Abb. 2: Die Abbildung zeigt die Erfahrungs- und Lernbereiche des Schwimmunterrichts.

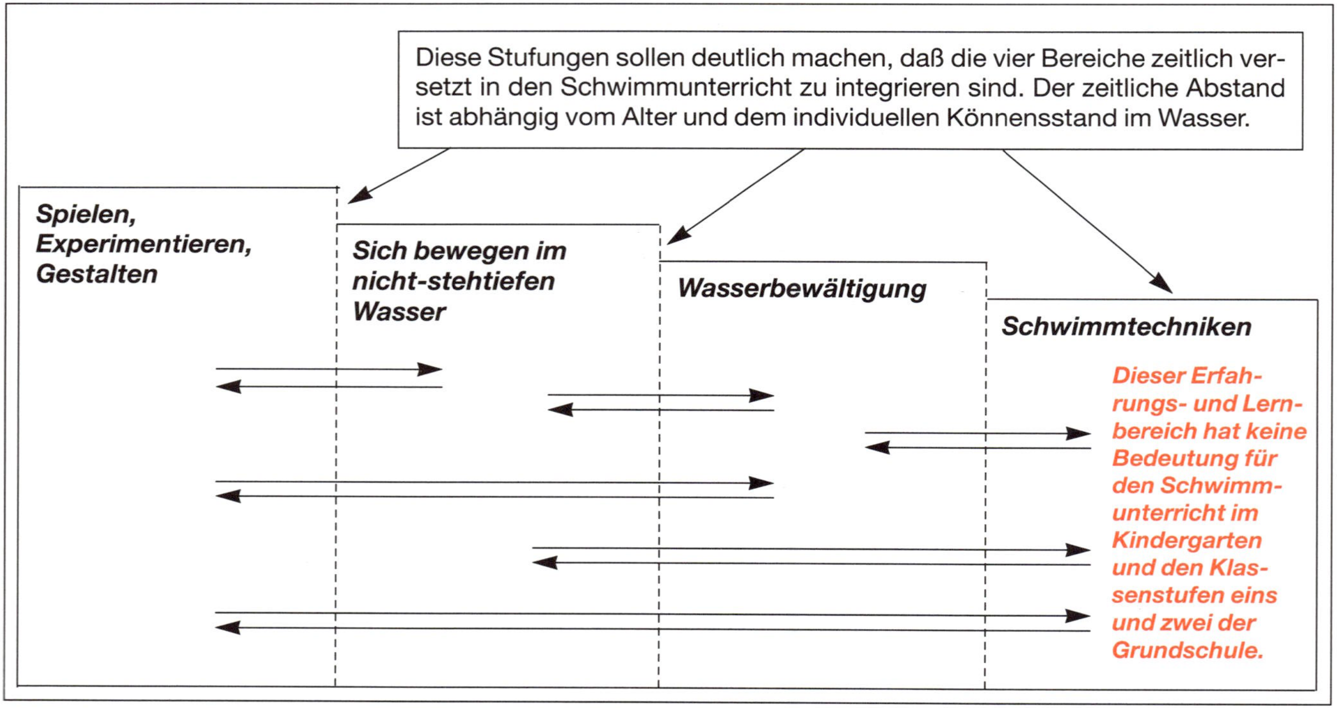

Abb. 3: Die gestrichelten, senkrechten Linien, die die Bereiche trennen, sollen auf die „Durchlässigkeit" der vier Bereiche hinweisen: Methodisch gesehen bedeutet dies, daß kein Bereich zu Ende geführt wird und sich dann erst der nächste anschließt. Einem begonnenen Bereich schließt sich irgendwann der nächste an. Den Zeitpunkt entscheidet in der Regel die Lehrkraft anhand ihres Wissens, ihrer Erfahrung und aktuellen Beobachtungen bei den Kindern.
Die waagerechten Pfeile innerhalb der vier Bereiche sollen deutlich machen, daß unterrichtsorganisatorisch die Bereiche sinnvoll in den Schwimmstunden zu vermischen sind. Die Beründung ist in der emotionalen und motivationalen Entwickungsstruktur von Kindern in diesem Altersbereich zu suchen (vgl. dazu die Hinweise auf den Seiten 17–20).

Offene Unterrichtssituationen

im Erfahrungs- und Lernbereich...

- *Spielen, Experimentieren, Gestalten*
- *sich bewegen in nicht-stehtiefem Wasser*
- *Wasserbewältigung* (in Teilen)

... weil das prozessuale Geschehen im Vordergrund steht und Bedeutung hat, während das (Bewegungs) Produkt keine Rolle spielt.

Geschlossene Unterrichtssituationen

im Erfahrungs- und Lernbereich...

- *Wasserbewältigung* „Springen/Fliegen" ins Wasser findet grundsätzlich in einer solchen Situation statt, um Unfälle zu vermeiden.
- *Schwimmtechniken*

... weil das (Bewegungs) Produkt entscheidend ist und deshalb ein klar strukturiertes und gelenktes methodisches Vorgehen wichtig wird.

Abb. 4: Abbildung zeigt auf, welche Erfahrungs- und Lernbereiche in offenen bzw. geschlossenen Unterrichtssituationen vermittelt werden können.

2. Wassergehemmte und -ängstliche Kinder – Einige Gedanken –

Dem Wasser gegenüber gehemmte und ängstliche Kinder haben *zwei Probleme:*

1. ***Sie wollen möglichst nicht den Boden unter den Füßen verlieren*** und versuchen deshalb alles daranzusetzen, mit den Füßen stets Bodenkontakt zu halten.
2. ***Sie vermeiden tunlichst, Wasser ins Gesicht zu bekommen.***

Solche Kinder sollten ***möglichst früh regelmäßigen Kontakt mit Wasser*** angeboten bekommen. Im Kindergarten- und frühen Grundschulalter (erste und zweite Klasse) ist die Beseitigung dieser Wasserhemmung bzw. -angst einfacher als bei Neun- oder Zehnjährigen. Diese Überlegung wirft die Frage nach dem Beginn des Schwimmunterrichtes in der Grundschule auf. Ich würde mich, wie bereits im vorangegangenen Kapitel erwähnt, für einen möglichst frühen Beginn (erste, spätestens zweite Klassenstufe) aussprechen, auch wenn der Aufwand für die Lehrkraft größer ist; so muß sie z. B. beim Aus- und Anziehen sowie beim Duschen Hilfe leisten. Der Einsatz von Eltern, in der Regel Mütter, kann hierbei Entlastung bringen. Für den schulischen Schwimmunterricht muß eine solche Maßnahme unbedingt mit der Schulaufsicht bzw. der Schulleitung abgesprochen und von ihr genehmigt werden.

Die persönliche und gute Beziehung zwischen Lehrkraft und Kind ist dabei äußerst wichtig. Das Kind muß Vertrauen zu ihr aufbauen können. Dies bedeutet unter anderem auch, daß sie *häufig mit im Wasser sein muß,* um Hilfen zu geben, Mut zuzusprechen und Körperkontakt herstellen zu können. Bei diesen Kindern macht es wenig Sinn, wenn die Lehrkraft nur draußen am Beckenrand steht. Dabei muß sie durch organisatorische Maßnahmen sicherstellen, daß die *gesamte Gruppe noch unter Aufsicht* steht. Hier entsteht ein *Widerspruch zwischen Schwimmerlassen einiger Bundesländer und notwendigem unterrichtlichem Handeln.*

Für ängstliche und vor allem überängstliche Kinder kann das Tun am und mit Wasser, ohne dabei von ihm umschlossen zu sein, in der Anfangsphase äußerst wichtig sein. Hierzu gehört auch der Einbezug des Naßraumes Dusche bzw. auf dem Beckenumgang stehende und mit Wasser gefüllte große Wannen. Aus Gründen der Aufsichtspflicht läßt sich die Naßraumsituation nicht immer so durchführen, wie es wünschenswert wäre. Der Einsatz einer zweiten Betreuungsperson kann diese Schwierigkeit beseitigen helfen.

Gehemmte und ängstliche Kinder in Schwimmgruppen erfordern *kleinere Gruppen*. Bei 25 Kindern „gehen sie unter“. Eine wichtige *flankierende Maßnahme könnte Förderunterricht im Wasser* sein: in kleinen Gruppen (4–8) kann noch individueller auf das einzelne Kind eingegangen werden. Durch den stetig größer werdenden Lehrermangel wird Stütz- und Förderunterricht zunehmend immer weniger erteilt. Der wenige, noch mögliche Förderunterricht wird in den vermeintlich wichtigeren kognitiven Lernfächern eingesetzt.

Diesen ängstlichen Kindern immer *nur stehtiefes Wasser anzubieten, birgt die große Gefahr, daß sie ihre Hemmungen und Ängste nicht abbauen,* daß sie „auf der Stelle treten“ und keine oder nur unwesentliche Entwicklungsfortschritte machen. Die eigene Unterrichtspraxis, gerade auch mit solchen Kindern, hat mir gezeigt, *daß die frühe Auseinandersetzung mit nichtstehtiefem Wasser in Verbindung mit geeigneten Hilfsmitteln der richtige Weg ist.*

Die Erfahrung machen dürfen, daß man dieses „tiefe“ Wasser bewältigen kann und immer besser „in den Griff bekommt“, hat gerade für solche Kinder eine ganz wichtige *psycho-motorische Wirkung.* Da mittels eigener Bewegung ohne Fremdhinweise diese Situation gemeistert wird, können sich nachhaltig *positive Wirkungen auf das Selbstwertgefühl und Selbstbewußtsein* ergeben. Denn die Kinder erfahren und erkennen, daß sie in der Lage sind, diese Situation zu meistern.

Vorgaben zur Bewegung darf es durch die Lehrkraft nicht geben: Das Kind soll mit seinen augenblicklichen motorischen Möglichkeiten der Situation angepaßte Lösungen finden. Die Beobachtung von Kindern in dieser Bewegungssituation – unabhängig davon ob sie entwicklungsunauffällig sind, Entwicklungsauffälligkeiten aufweisen oder Handicaps haben – zeigt nahezu immer dasselbe Bewegungsmuster in Bauchlage:

Die Kinder bevorzugen alternierende Beinbewegungen, (anfangs oftmals der Bewegung beim Radfahren ähnlich) und alternierende, ganz im Wasser stattfindende Armbewegungen (sog. Hundekraulen).

Kinder, denen Erwachsene sagten, welche Bewegungen sie im nichtstehtiefen Wasser machen müssen, eignen sich eine Art Brustschwimmen an, das fast immer von der richtigen Technik Brustschwimmen abweicht und Fehler aufweist. Hier holt uns leider die Tradition immer wieder ein und läßt uns kindgemäßes Vorgehen vergessen. Denn dieses sog. Hundekraulen kann aufgrund seiner Bewegungsstruktur später problemlos in das Kraulschwimmen verfeinert werden. Diese Schwimmtechnik ist viel kindgemäßer als Brustschwimmen.

Sich im Wasser auf den Rücken legen bringt zum Ausdruck, daß Vertrauen im Umgang mit dem Wasser vorhanden ist. Deshalb darf nicht versucht werden, diese Kinder mit Gewalt in Rückenlage zu bringen. Ich spreche dies deshalb an, weil McMillan, der „Vater“ der Halliwick-Methode, die Rückenlage in seinem Therapiekonzept, das vor allem für Kinder mit cerebraler Bewegungsstörung entwickelt wurde, stark betont. McMillan war Ingenieur und sah nur die strömungstechnische Seite und nicht den Menschen in seiner Ganzheit.

Notwendige und sinnvolle Hilfsmittel für diese Wassersituation sind:

- Schwimmflossen
- Schwimmsprossen
- Aqua-Gym-Sticks/Pool-Noodles
- Schwimmbretter
- Pull-Buoys.

Abb. 5: Der noch nicht wassersichere Junge sitzt in 1,80 Meter tiefem Wasser auf einer Pool-Noodle, hält sich mit beiden Händen an einer zweiten fest und hat Schwimmflossen an den Füßen. Die Pool-Noodles sind mit einem dazugehörigen Verbindungsstück zusammengesteckt.

Diese Hilfsmittel müssen differenziert, dem augenblicklichen Leistungsstand des einzelnen Kindes entsprechend, zum Einsatz kommen und sind im Laufe des fortschreitenden Lernprozesses abzubauen.

Der Idealzustand heißt:

Das Kind entscheidet von sich aus über den Zeitpunkt des Abbaus seiner Hilfsmittel.

Dadurch bringt es zum Ausdruck, daß es sich jetzt seiner Fähigkeiten so weit sicher ist, den nächsten Schritt zu wagen.

In diesen Prozeß dürfen Unterrichtende nur dann eingreifen, wenn ein Kind rigide an einem Hilfsmittel „hängenbleibt", seine beobachtbare Leistungsfähigkeit jedoch scheinbar weiter entwickelt ist. Bei Kindern mit Down-Syndrom ist dieses Verhaften in Gewohnheiten häufig erkennbar.

Abb. 6: Der Zusammenbau von zwei Pool-Noodles und zwei dazugehörigen Verbindern stellt eine ganz sichere Konstruktion dar für ängstliche und/oder motorisch stark beeinträchtigte Personen. Der 15jährige Junge hat eine spastische Tetraplegie, kann ohne Hilfe nicht stehen und sitzt im Rollstuhl. Erschwerend kommt hinzu, daß er dem Wasser gegenüber noch Ängste hat. In diesem Zusammenbau fühlt er sich im 1,80 Meter tiefen Wasser sicher und kann seine Arme und Hände bewegen. An den Füßen trägt er Schwimmflossen.

Der methodische Weg zur Wassersicherheit in nicht-stehtiefem Wasser kann bei wassergehemmten bzw. -ängstlichen Kindern folgendermaßen aussehen:

Schritt 1:

Im Wasser mit Kontakt der Hände zum Beckenrand.

Am Ort.

Mit oder ohne Schwimmflossen.

Die Eintauchtiefe seines Körpers bestimmt das Kind.

Schritt 2:

Ähnlich wie Schritt 1: sich mit den Händen am Beckenrand entlangziehen.

Schritt 3:

Links und rechts vom Körper eine Schwimmsprosse bzw. eine Pool-Noodle, die unter der Achsel eingeklemmt wird. Diese zusätzlich mit den Händen festhalten; Schwimmflossen an den Füßen.

Eine weitere Erleichterung kann das Zusammenbinden dieser beiden Materialien an den vorderen Enden (aus dem Blick des Kindes) sein. Dies benötigen z. B. Kindern mit cerebraler Bewegungsstörung, deren Arm- und Handfunktionen sehr gering sind.

Schritt 4:

Über einer Schwimmsprosse oder einer Pool-Noodle hängen, die quer vor dem Körper durch die Achseln verläuft; Schwimmflossen an den Füßen.

Wird durch das Körpergewicht die Pool-Noodle zu weit unter Wasser gedrückt, so daß das Gesicht zu nahe ans Wassser kommt, können mehrere Pool-Noodles mit einem Spanngurt zusammengebunden werden. Dies ist manchmal bei Kindern mit cerebraler Bewegungsstörung erforderlich, deren hoher Muskeltonus im Schulter-Arm-Bereich die Pool-Noodle zu weit unter Wasser drückt.

Schritt 5:

Mit beiden Händen eine Schwimmsprosse festhalten und dabei die Arme strecken; Schwimmflossen an den Füßen.

Schritt 6:

Einen Pull-Buoys in den Händen halten und die Arme strecken; Schwimmflossen an den Füßen.

Schritt 7:

Nur Schwimmflossen an den Füßen.

Schritt 8:

Ein Schwimmbrett oder Pull-Buoys in den Händen halten und die Arme strecken; ohne Hilfsmittel an den Füßen Wechselbeinbewegungen machen.

Schritt 9:

Ohne Hilfsmittel in Händen und an Füßen nicht-stehtiefes Wasser bewältigen mit Wechselbeinbewegungen und Bewegungen der Arme.

Die dargestellten Schritte müssen keineswegs alle von jedem wassergehemmten bzw. -ängstlichen Kind durchlaufen werden. Sie zeigen die Möglichkeiten auf, die Unterrichtende parat haben müssen, um sie bei Bedarf Kindern anbieten zu können.

Oftmals benötigen Kinder die Nähe des sicheren Beckenrandes, so daß sie aus ihrer Sicht, wenn es für sie zu gefährlich wird, schnell am Beckenrand sind und die Überlaufrinne greifen können. Haben sie weitere Sicherheit gewonnen, schwimmen sie „über Eck" und vergrößern somit ihren Abstand zum Beckenrand. Dies signalisiert dem Beobachter den weiteren Gewinn an Selbstvertrauen. Nach und nach wird die Schwimmstrecke „über Eck" vergrößert; das Kind entfernt sich immer weiter vom Beckenrand.

Hat das Kind Vertrauen in diese Wassersituation aufgebaut, heißt der nächste Schritt:

Springen in dieses nicht-stehtiefe Wasser.

Für das Kind bedeutet dies eine weitere ganz bedeutsame Erlebens- und Erfahrungsqualität. Hierfür darf es ausnahmsweise Schwimmflossen verwenden, weil sie ihm Vertrauen und Sicherheit geben. Die Schwimmflossen vor dem Aussteigen auszuziehen und vor dem Springen wieder anzuziehen ist zu zeitaufwendig. Der Ort des Aussteigens und die Absprungstelle müssen aber nahe beieinander liegen, um das Gehen außerhalb des Wassers so kurz wie möglich zu halten (Verschleiß der Schwimmflossen). Trotzdem ist das Springen mit Flossen für das Kind so nachhaltig wichtig, daß erhöhter Verschleiß in Kauf genommen werden kann, zumal diese Phase erfahrungsgemäß nicht zu lange dauert und auch nicht alle Kinder Schwimmflossen benötigen. Manche wagen bereits den ersten Sprung ohne Flossen. Dieses Springen hat zwangsläufig Untertauchen zur Folge, und das Kind erlebt dabei, daß ihm unter Wasser nichts Negatives widerfährt und es wieder problemlos die Wasseroberfläche erreicht und auftaucht. Dadurch wird das „Unter-dem-Wasser-sein" angebahnt.

Nur *Unterrichtende,* die in der Lage sind, in einem Notfall sichere Hilfe geben zu können, dürfen diesen meines Erachtens so wichtigen und erfolgreichen methodischen Weg Kindern anbieten.

Hier wird wiederum deutlich, wie wichtig und notwendig das eigene Können der Lehrkräfte ist. **!**

3. Größe der Schwimmgruppe

Es ist grundsätzlich davon auszugehen, daß eine Schwimmgruppe von Kindern im Kindergarten- und Grundschulalter nicht zu groß sein darf, weil die einzelnen Kinder unterschiedliche Wassererfahrungen mitbringen und jede Gruppe in ihrer Leistungsfähigkeit im Wasser heterogen zusammengesetzt ist.

Nur bei entsprechender Gruppengröße ist es für Unterrichtende möglich, Kinder individuell zu betreuen und ihnen die für sie so wichtigen Freiräume zum Spielen, Experimentieren und Gestalten, wie sie in Kapitel 1 beschrieben wurden, zu geben.

Befinden sich in einer Schwimmgruppe wasserängstliche oder -gehemmte Kinder, wird deren individuelle Betreuung noch wichtiger, wenn es Lehrkräfte als ihre pädagogische Aufgabe ansehen, diesen Kindern zu helfen, damit sie ihre Wasserprobleme überwinden können.

Dieser globale Hinweis zur Gruppengröße kann den Leser zurecht nicht zufriedenstellen, weil sie wenig konkret ist. Eine ähnlich unbefriedigende Aussage macht der Organisationserlaß des Ministeriums für Kultus, Jugend und Sport Baden-Württemberg: Seit Jahren nahezu unverändert lautet dort der entsprechende Passus „... die Bildung kleiner Sportgruppen auf Kosten der für den einzelnen Schüler nach Stundentafel vorgesehenen Sportstunden soll nicht erfolgen (ausgenommen Schwimmen)...“ (aus: Kultus und Unterricht, Heft 5 vom 3. März 1997, S. 33)

Wenn die in Kapitel 1 dargelegten Ziele, Inhalte und Methoden mit heterogenen Gruppen umgesetzt werden wollen, hat sich für mich in der Praxis für diesen Altersbereich eine

Gruppengröße von etwa 15 Schülern

bewährt.

Diese Zahl kann allerdings nur eine ***Richtzahl*** sein, die flexibel gehandhabt werden muß, weil

- das Alter der Kinder,
- die Gruppenstruktur
- und das Wissen sowie die Erfahrung der Lehrkraft

eine einflußnehmende Rolle spielen.

Bei drei- und vierjährigen Kindern ist eine solche Gruppe für eine Lehrkraft bereits zu groß.

Fünfzehn Siebenjährige der Klassenstufe eins sind für Unterrichtende auch noch viel, da diese Kinder noch viele Hilfen, vor allem beim Umziehen und Duschen benötigen.

Sind in einer Gruppe wasserängstliche oder -gehemmte Kinder, dann ist es kaum mehr möglich, ihnen zur Bewältigung ihrer Wasserprobleme bei einer Gruppengröße von 15 Kindern die individuellen Hilfen zu geben, die sie eigentlich benötigen würden.

Dasselbe gilt für eine Gruppe, in der sich ein oder mehrere Kinder mit Handicaps befinden.

Andererseits ist es durchaus möglich 17 bis 18 Viertkläßler, die schon drei Schuljahre Schwimmunterricht hinter sich haben und von denen keines mehr Probleme mit dem Wasser hat, in dieser Gruppengröße zu verkraften.

Diese Beispiele sollen deutlich machen, daß diese *Richtzahl* flexibel zu handhaben ist und nicht starr an ihr „festgehalten" werden darf.

Vereine, die Schwimmunterricht bzw. Schwimmkurse anbieten, haben diesbezüglich meistens einen *besseren Handlungsspielraum,* weil sie flexibler sind und geringeren Zwängen unterliegen als die weniger bewegliche Institution Schule.

4. Sicherheit, Aufsichts- und Sorgfaltspflicht

(Was Unterrichtende wissen und beachten müssen)

In den Unfallstatistiken der Versicherungsverbände findet sich Schwimmen sehr weit hinten: Beim Schwimmunterricht ereignen sich verhältnismäßig wenige Unfälle.

Deshalb darf Schwimmunterricht getrost als eine wenig gefährliche Angelegenheit angesehen werden, sofern wichtige Sicherheitsaspekte Beachtung finden!

Überprüft man Unfälle im organisierten Schwimmbetrieb mit tödlichem Ausgang, weisen diese fast immer einen der beiden folgenden Verursachungskomplexe auf:

- Die Lehrkraft ist mit ihrer *Aufsichts- und Sorgfaltspflicht* sehr großzügig umgegangen. Kindern wurde zu viel Freiraum gelassen und notwendige Verbote blieben unausgesprochen bzw. es wurde nicht darauf gedrängt, daß ausgesprochene Verbote Beachtung fanden.
- Ein *verunfalltes Kind hatte eine organische Schädigung*, die nicht bekannt war; Eltern hatten diese aus irgendwelchen Gründen verschwiegen. Oder die Lehrkraft ist mit dieser Schädigung trotz Kenntnis nicht sachgemäß umgegangen.

Die nachfolgende Auflistung will versuchen, die wichtigsten Punkte stichpunktartig so herauszuarbeiten, daß sie Unterrichtenden eine Orientierungshilfe bietet.

Die Kinder der Gruppe

Informationsschreiben/-gespräch

- Haben alle Eltern das von der Schule verfaßte Informationsschreiben für den Schwimmunterricht erhalten?
- Ist dieses Schreiben von allen Erziehungsberechtigten zurückgegeben worden?
- Wurden die Fragen sorgfältig beantwortet?

Es ist lohnenswert ein derartiges Schreiben zu erstellen!

Dies gilt auch für den Schwimmunterricht in Vereinen.

Ist ein solches Schreiben (noch) nicht vorhanden, sollte eine *Gesprächsrunde mit den Eltern* geführt werden. Für den Schwimmunterricht in Kindergarten und Schule ist der *Elternabend bzw. erste Klassenpflegschaftsabend* im Schuljahr geeignet.

Dieser Informationsaustausch sollte besonders in dem Schuljahr erfolgen, in dem Kinder erstmals Schwimmunterricht haben. Wichtig ist dies aber auch dann, wenn eine andere Lehrkraft die Klasse im Schwimmunterricht übernimmt. Sie sollte im Gespräch mit ihrem/ihrer Vorgänger(in) wichtige Informationen über die Gruppe und die einzelnen Kinder erhalten. Auch für Übungshelfer und -leiter in Vereinen, vor allem in Anfängerschwimmkursen, ist dieses Elterngespräch von Wichtigkeit. Es bietet sich ein Gesprächsabend noch vor der ersten Schwimmstunde an. Gelingt dies aus organisatorischen Gründen nicht und fehlt der erwähnte Fragebogen, so sollten die Eltern zu Beginn der ersten Stunde befragt werden.

Ärztliche Atteste

Gibt es Kinder in der Gruppe, die ein längerdauerndes ärztliches Attest vorweisen, das sie vom Schwimmunterricht befreit (nur für schulischen Schwimmunterricht von Interesse)?

Krankheit – Allergie – Behinderung

Gibt es in der Schwimmgruppe Kinder, die eine Krankheit, Allergie oder Behinderung haben, z. B. eine Schädigung am Herz-Kreislauf-System, ein Anfallsleiden, Diabetes, Asthma, eine cerebrale Bewegungsstörung, eine angeborene Querschnittlähmung (Spina Bifida), Probleme mit dem inneren Ohr, Hautprobleme, Chlorallergie, empfindlich reagierende Netzhaut der Augen, Sehschwierigkeiten ohne Brille usw.? Hier muß das intensive *Gespräch mit den Eltern* des betroffenen Kindes gesucht werden. Bleiben dabei Fragen offen, sollte unbedingt mit dem *behandelnden Arzt* gesprochen werden. Er muß jedoch zuvor von den Eltern die Erlaubnis erhalten, mit einer dritten Person darüber sprechen zu dürfen. Im Interesse des betroffenen Kindes und seiner Sicherheit dürfen wichtige Informationen nicht zurückgehalten werden.

Mediziner, die sich mit dem Thema Schulsportbefreiungen befassen, weisen nachhaltig darauf hin, daß es nur in wenigen Fällen gerechtfertigt ist, längerfristig oder generell Kinder vom Sport zu befreien. Klimt (1984) macht hierzu folgende Bemerkungen: „Die Ausstellung von Zeugnissen, die vom Turnen, von der Teilnahme an der körperlichen Erziehung befreien, sollen nur von einem Arzt ausgestellt werden können, der in den Schulbetrieb sowohl wie in den Turnbetrieb eingeweiht ist" (S. 419). Viele sog. Gefälligkeitsatteste deuten seiner Meinung nach auf mangelhafte Kenntnisse des Arztes über Art, Durchführung und Intensität des heutigen Schulsports hin (S. 423). Er weist darauf hin, „daß Begrenzungen, Freistellungen oder Verbote im Schulsport zu begründen sind, da folgenschwere Inaktivitätssyndrome sich entwickeln können" (S. 419). Vier von ihm aufgestellte Grundregeln, von denen sich der Arzt in seinen gutachterlichen Aufgaben leiten lassen sollte, lauten: „1. zeitliche Begrenzung, 2. möglichst keine Vollfreistellung, 3. selten teilfreistellen und 4. statt dessen lieber Eltern und Kinder beraten" (S. 420). Auch chronisch kranke Kinder sollen nach seiner Auffassung „möglichst auch am schulsportlichen Geschehen teilnehmen und eine übertriebene Absonderung im schulischen und außerschulischen Bereich vermeiden“ (S. 423). Gerade Bewegung, in ihrer Sinnrichtung und ihren Inhalten richtig gewählt, kann bei Kindern mit Handicaps einen wichtigen Beitrag leisten zur positiven Entwicklung ihrer Gesamtpersönlichkeit und präventiv auf eine stabile Gesundheit wirken. Bewegung im Wasser kann dies noch intensiver leisten als Bewegung an Land, weil durch die besonderen physikalischen Eigenschaften der Bewegungswelt Wasser vorhandene Handicaps vermindert bzw. ganz aufgehoben werden können. Dies zeigt sich immer wieder in der Praxis gerade bei körperbehinderten Kindern, Jugendlichen und Erwachsenen.

Heute wird viel von *Integration Behinderter* gesprochen. Bewegung ist ein ausgezeichnetes Medium zum gemeinsamen Tun behinderter, entwicklungsauffälliger und nichtbehinderter Kinder. Gerade deshalb kommt den zuvor gemachten Aussagen noch mehr Bedeutung zu.

Diese Hinweise haben auch Gültigkeit für den Schwimmunterricht in Vereinen. Der integrative Ansatz müßte sehr viel stärker in der Praxis aufgegriffen werden.

Kinder mit Wasserängsten und -phobie

Sind Kinder in der Gruppe mit Ängsten dem Wasser gegenüber oder gar einer Wasserphobie? Bei letzterer sind Schule und Verein alleine überfordert. Hier hilft fast nur noch eine begleitende psychotherapeutische Behandlung.

Schwimmkleidung

Teilen Sie schriftlich oder mündlich den Eltern mit, was ihre Kinder zum Schwimmunterricht benötigen. Hierzu gehören:

- *Badekleidung*
- *Handtuch*
- *Badeschuhe.*

! Sie dienen zum Schutz vor Hautinfektionen, z. B. Fußsohlenwarzen und werden vom Gesundheitsamt empfohlen (Der Sport; 1993).

- *Duschmittel.* Kinder müssen schon ab der ersten Schwimmstunde erfahren, daß nach dem Auskleiden nackt geduscht wird und der ganze Körper, auch die Haare, gewaschen wird. Unterrichtende sollten dies aus erzieherischen und hygienischen Gründen ernst nehmen.
- Während der *kühlen Jahreszeit kann ein zweites Handtuch* zum Trockenreiben der Haare günstig sein. Für 15 Kinder nur zwei oder drei Haarföns verfügbar zu haben, ist sehr zeitaufwendig. Ein zweites Handtuch ist ausreichend. Eine *Mütze zum Aufsetzen nach dem Schwimmbadbesuch* sollte jedes Kind von zuhause mitbringen.

Informationen zum Schwimmbadbesuch und Verhaltensregeln im Schwimmbad

Schulischer Schwimmunterricht

Sprechen Sie mit den Kindern schon vor der ersten Schwimmstunde über den Schwimmunterricht und erklären Sie ihnen die wichtigen *Regeln zum Verhalten im Bad.*

Als *Klassenlehrer(in)* haben Sie den Vorteil, daß Sie dies in anderen Unterrichtsfächern (fächerübergreifendes Prinzip) vorbereiten können.

Als *Fachlehrer(in)* müssen Sie sich mit dem/der Klassenlehrer(in) absprechen.

Halten Sie solche Gespräche mit den Kindern schriftlich im Klassenbuch fest. Wiederholen Sie diese in regelmäßigen Abständen. Je jünger Kinder sind, desto häufiger muß dies geschehen.

Schwimmunterricht im Verein

Nehmen Sie sich immer mal wieder vor der Schwimmstunde Zeit und besprechen Sie wichtige Verhaltensregeln mit den Kindern. Machen Sie dies jedoch noch, wenn die Kinder trocken sind. Naß und mit nassem Badezeug sitzen zu müssen, ist ungesund!

Schwimmbadbegehung

Hat eine Gruppe oder Klasse erstmals Schwimmunterricht, so ist in der ersten Schwimmstunde eine Schwimmbadbegehung unumgänglich. Die Kinder müssen die für sie wichtigen Räumlichkeiten kennenlernen und erfahren, auf welchen Wegen sie in diese Räumlichkeiten gelangen.

Körpergröße der Kinder

Informieren Sie sich, ob es in der Gruppe Kinder gibt, die nirgendwo im Schwimmbecken stehen können. Benötigen diese Kinder Hilfsmittel? Ist ihr Leistungsstand so weit fortgeschritten, daß sie ohne Hilfen im Wasser zurechtkommen?

! ***Vorsicht mit Schwimmanfängern in Schwimmbecken, die einen Flach- und Tiefwasserbereich haben!***

Hier muß eine durchgehende, auf der Wasseroberfläche liegende Trennleine den Übergang dieser beiden Bereiche sicht- und fühlbar machen. Dieser Übergang muß den Kindern gezeigt werden. Im Gespräch sind sie auf diese gefährliche Zone hinzuweisen. Als Unterrichtende(r) sollten Sie diesen Übergang während des Unterrichts durch richtige Standortwahl im Auge haben.

Überprüfen des Leistungsstandes der Gruppe

Vergewissern Sie sich in der ersten bzw. den beiden ersten Stunden über den Leistungsstand jedes einzelnen Kindes.

Prüfen Sie vielseitig ab!

Erst auf dieser Grundlage können Sie für kommenden Stunden planen.

Das Schwimmbad

Wassertiefen im Schwimmbecken

Machen Sie sich kundig über die Wassertiefen des Schwimmbeckens, in dem Sie unterrichten.

Schwimmgeräte

Sie müssen wissen, welche Geräte vorhanden sind, wie Sie an diese kommen und wo sie aufbewahrt werden.

Rettungsgeräte

Informieren Sie sich über vorhandene Rettungsgeräte, die Sie einsetzen dürfen. Überprüfen Sie immer wieder einmal deren Einsatzfähigkeit und erproben Sie, ob Sie in der Lage sind, diese im Notfall zu handhaben.

Für eine Notfallsituation, die Herz-Lungen-Wiederbelebung erforderlich macht, sind ihre Hände und ihr Mund die einfachsten Hilfen, weil sie diese immer bei sich haben. Eine kleine faltbare Gesichtsmaske, die Mund und Nase eines Verunfallten einschließt, ist aus hygienisch-emotionaler Sichtweise und von der Einfachheit der Handhabung für Laienhelfer sehr empfehlenswert. Ihr Nachteil liegt darin, daß sie diese Maske stets bei sich haben müssen. Eine solche Maske erhalten sie bei allen Rettungsorganisationen oder dem ADAC.

Fernsprechanschluß

! Informieren Sie sich, ob im Bad ein *amtsberechtigter Fernsprechanschluß* vorhanden ist und wo Sie ihn finden.

In der Broschüre „Sicherheitsregeln für Bäder" (1984) des BUNDESVERBANDES DER UNFALLVERSICHERUNGSTRÄGER ist dieser Anchluß gefordert. Er muß eine *direkte Verbindung ins Ortsnetz oder zu Notfalleinrichtungen* haben. Umwege mit Verbindung nach draußen durch andere sind gefährlich, weil in einer Notsituation zu viel Zeit verstreichen kann. Die Installation dieser Einrichtung kann heute problemlos so erfolgen, daß keine privaten Gespräche geführt werden können. Bedenken wegen hoher Telefongebühren haben oftmals Bauträger auf einen Amtsanschluß verzichten lassen.

Unmittelbar bei diesem Fernsprechanschluß müssen wichtige aktuelle *Telefonnummern* so angebracht sein, daß diese niemand verlegen kann und daß sie vor Nässe geschützt sind.

Erste-Hilfe-Schrank

Wissen Sie, wo Sie für den Notfall den Erste-Hilfe-Schrank finden? Ist dieser für Sie zugänglich? Überprüfen Sie ihn immer wieder auf Vollständigkeit. Erkundigen Sie sich, wer für das Nachfüllen zuständig ist. Entnehmen Sie nicht nur Material, sondern machen Sie Mitteilung über die von Ihnen entnommenen Materialien.

Notausgänge

Schwimmbäder haben nahezu immer auch Notausgänge. Machen Sie sich darüber kundig. Überprüfen Sie, ob diese Notausgänge als solche auch zu benutzen sind.

Auffälligkeiten

Bemerken Sie im Schwimmbad, daß

Geräte defekt sind, daß Einrichtungen und Einrichtungsgegenstände Schaden genommen haben und damit unfallträchtig sind, dann teilen Sie dies umgehend der dafür zuständigen Person oder Institution mit. Denken Sie nicht, daß dies schon irgendjemand machen wird! Gefahrenquellen müssen schnellstens beseitigt werden.

Unterrichtende

Badekleidung

Während des Schwimmunterrichts müssen Sie Badekleidung tragen. Eigentlich eine Selbstverständlichkeit, scheinbar aber wohl nicht für alle!

Eigenrealisation

1. ***Fühlen Sie sich in der Lage, einem Kind, das im Wasser in Not geraten ist, zu helfen? Sind Sie sicher, daß Sie dieses Kind an Land bringen können?***
2. ***Sind Sie in der Lage, bei Bewußtlosigkeit dieses Kindes die erforderlichen Maßnahmen an Land einzuleiten?***
3. ***Sind Sie mit der Herz-Lungen-Wiederbelebung vertraut?***

Wenn Sie eine dieser Fragen mit Nein beantworten müssen, dann sollten Sie im eigenen und im Interesse der von Ihnen betreuten Kinder keinen Schwimmunterricht geben!

Selbst wenn Sie diese Dinge leisten können ....

... bilden Sie sich regelmäßig fort!

Informieren Sie sich über Änderungen, über Neues. Die Zeit steht nicht still! Vor 20 Jahren ein Rettungsabzeichen der DLRG gemacht zu haben und dann nichts mehr, reicht nicht aus. Vermutlich haben Sie in der Zwischenzeit vieles vergessen!

Diese Punkte habe ich deshalb angesprochen, weil für den Schwimmunterricht an Schulen in den Bundesländern ganz unterschiedliche Organisationserlasse und Richtlinien Gültigkeit haben. In Baden-Württemberg gibt es erst seit 1994 eine Empfehlung, die von allen Lehrkräften, die Schwimmunterricht erteilen, Rettungsfähigkeit verlangt. Dabei muß jedoch nicht durch den Erwerb eines Rettungsschwimmabzeichens der DLRG die Rettungsfähigkeit nachgewiesen werden. Es ist auch nicht vorgeschrieben, in welchem Zeitabstand der Nachweis über Rettungsfähigkeit wiederholt werden muß. Mit dieser Regelung wird die Eigenverantwortlichkeit der einzelnen Lehrkraft angesprochen.

Verlassen Sie sich als Unterrichtende(r) nicht auf den Schwimmeister, wenn Sie in einem öffentlichen Schwimmbad Ihren Unterricht erteilen! Denn für Ihre Gruppe haben alleine Sie die Aufsichts- und Sorgfaltspflicht. Es sei denn, es wurden entsprechende Absprachen zwischen Schulleitung und Betreiber des Bades getroffen.

Sie sind für Ihren Unterricht eigenverantwortlich!

In der Praxis der Schwimmvereine ist es zu diesem Thema nicht besser bestellt. Auch dort, so hat es den Anschein, machen sich die Verantwortlichen zu dieser Thematik keine oder nicht genügend Gedanken. Ausgenommen davon sind die Organisationen der DLRG und WASSERWACHT die ja „von Hause aus“ mit Selbst- und Fremdrettung intensiv beschäftigt sind.

Eigener Standort während des Schwimmunterrichts

Wählen Sie Ihren Standort so, daß Sie alle Kinder sehen und von ihnen gesehen werden.

Schränken Sie unter Umständen den Bewegungsraum der Kinder im Wasser ein: 15 Kinder benötigen nicht immer die Fläche eines Lehrschwimmbeckens von $16\,^{2}/_{3}$ x 8 Meter. Zur Absperrung bieten sich vorhandene Leinen, Baustellenbänder u. ä. an. Saugheber (vgl. Praxisteil, Seite 59) erleichtern deren Befestigung an Beckenwand oder Beckenumgang. Für bestimmte Situationen, wie Kleine Spiele, ist eine kleinere Fläche weit spielintensiver und für Kinder überschaubarer.

Wenn Sie selbst mit im stehtiefen Wasser sind, werden die genannten Gesichtspunkte noch wichtiger.

! *Gehen Sie niemals mit in Beckenbereiche, in denen auch Sie nicht mehr stehen können!*

In dieser Situation haben Sie keinen Überblick mehr über die Gruppe. Von außen sind Sie viel besser in der Lage, die Gruppe zu überschauen.

Verhaltensregeln für Kinder im Schwimmbad

Folgende Verhaltensregeln und deren Einhaltung sind für Kinder im Schwimmbad besonders wichtig:

Uhren und Schmuck

Wie im Sportunterricht ist das Tragen von Uhren und Schmuckstücken auch im Schwimmunterricht verboten.

Die Lehrkraft ist als erste in der Schwimmhalle und verläßt diese als letzte!

Dies müssen Kinder von Beginn der ersten Schwimmstunde an lernen.

Anfangs trifft sich die ganze Gruppe an einem festen „Versammlungsort“, und die Kinder bekommen von Ihnen das Zeichen, wann sie ins Wasser dürfen.

Später können Kinder auch nach dem Duschen bereits ins Wasser gehen, wenn Sie in der Schwimmhalle sind und diese Kinder unter Aufsicht haben. Der gemeinsame Unterricht beginnt, wenn alle in der Schwimmhalle sind.

Toilettengang

Wenn ein Kind während des Schwimmunterrichts auf die Toilette muß, darf es dies tun. Im Wasser wirkt ein physiologischer Reflex, der zu vermehrter Harnproduktion führt. Die Kinder müssen jedoch lernen, sich bei Ihnen ab- und zurückzumelden.

Machen Sie es zur Selbstverständlichkeit, daß die Kinder nach dem Duschen auf die Toilette gehen.

Der Beckenumgang ist in nassem Zustand rutschig und unfallträchtig

Deshalb darf dort nur gegangen werden. Laufen oder gar Rennen ist strengstens verboten! Durch Laufen/Rennen hat es schon Unfälle mit erheblichen Verletzungen gegeben.

Springen ins Wasser

Ins Wasser darf nur gesprungen werden, wenn Sie es erlauben. Nähere Aussagen sind im Praxisteil, Seite 88 ff., zu finden.

Es ist ebenfalls verboten, andere ins Wasser zu stoßen oder diese unterzutauchen.

5. Organisation von Schwimmunterricht Wichtige Gedanken? – Einige Tips –

Hierbei handelt es sich um ein äußerst komplexes Thema, das in Kürze nicht einfach darzustellen ist. Die Organisation beeinflußt ganz entscheidend das Geschehen im Schwimmunterricht: wie einzelne Stunden verlaufen, was Kinder lernen und welche Ziele am Ende erreicht werden. In Stichpunkten will ich versuchen, die wichtigsten Aspekte aufzuzeigen.

Der Leistungsstand der Gruppe

Als Unterrichtende(r) müssen Sie sich zu Beginn oder bei Übernahme einer neuen Gruppe einen Überblick über deren Leistungsstand verschaffen. Sinnvollerweise geschieht dies gleich zu Beginn des Schwimmunterrichts (vgl. auch Hinweise im Theorieteil, Seite 40).

Die Leistungsfähigkeit des einzelnen Kindes

Über den Leistungsstand jedes Kindes im Wasser Bescheid zu wissen ist wichtig, weil daraus abzuleiten ist, ob eine Gruppe in mehrere Untergruppen (Differenzierung) aufgeteilt werden muß und die Notwendigkeit der Individualisierung (bei ängstlichen Kindern) besteht.

In offenen Unterrichtssituationen ergibt sich diese Differenzierung und Individualisierung aus dem Tun des einzelnen Kindes, weil sich jedes Kind auf seinem augenblicklichen Leistungsniveau „bewegt". Dennoch muß auch für diese Situationen die Lehrkraft um den individuellen Leistungsstand der Kinder wissen, weil es möglich sein kann, daß z. B. ängstliche Kinder

- verstärkt beobachtet werden müssen,
- Lehrerhilfen benötigen oder einfordern,
- in bestimmten Situationen einen eigenen „Schonraum" im Wasser zugewiesen bekommen müssen, damit ihnen die ungestümen Tätigkeiten der anderen keine Angst machen und sie dadurch den Rückzug zum Beckenrand antreten und nur noch eine zuschauende Rolle einnehmen oder gar das Wasser verlassen.

Eine Lehrkraft sollte sich im Laufe der Jahre eine ***Checkliste erstellen,*** mit deren Hilfe vielseitig der Leistungsstand von Kindern überprüft werden kann. Bei jüngeren Kindern, z. B. 7jährigen, die erstmals Schwimmunterricht haben, ist diese Checkliste weniger umfangreich als bei einer Klasse, die das vierte Schuljahr in Folge Schwimmunterricht hat. Erfahrene Praktiker können bereits aus dem Beobachten des Tuns von Kindern im Wasser rückschließen, was das einzelne Kind zu leisten vermag.

Das Wissen um den Leistungsstand des einzelnen Kindes ist die Grundlage für die ...

... Erstellung eines individuellen Entwicklungsplanes ...

..., der lang- und mittelfristige Lernziele formuliert, die jedoch durch die Dynamik der individuellen Entwicklung beeinflußt werden und nicht festgeschrieben werden dürfen.

Gültige Bildungs- und Lehrpläne

Bildungs- und Lehrpläne für den Schwimmunterricht können nur als Rahmen gesehen werden. Denn gerade im Wasser muß die Ausrichtung am augenblicklichen und sich verändernden Leistungsstand des einzelnen Kindes das entscheidende Kriterium sein. Einen Stoffplan ohne Beachtung der individuellen Leistungsfähigkeit von Kindern zu erstellen und sich nur an gültigen Bildungs- und Lehrplänen zu orientieren, macht für Schwimmunterricht keinen Sinn.

Kinder sind dort „abzuholen", wo sie leistungsmäßig im Augenblick stehen.

Die Beachtung der individuellen Leistungsfähigkeit und die Orientierung an deren Fortschritt ist ganz sicher für viele Unterrichtende ein neuer Gedanke. Sie müssen sich damit auseinandersetzen und versuchen, sich darauf einzulassen. Hier ist die Bereitschaft zur eigenen Weiterentwicklung gefordert und das Verlassen ein- und manchmal auch festgefahrener Wege. Spitzer (1996, S. 203) macht deutlich, „daß nicht alles für alle gleich gut ist", weil „das einzelne Individuum ... eine bestimmte Entwicklung und eine bestimmte Lerngeschichte hat". Seiner Einschätzung nach ist es „an der Zeit, daß wir unsere Methoden des Lernens und Erziehens nicht nach veralteten unbegründeten dogmatischen Theorien ausrichten, sondern danach, was man über Menschen im Hinblick auf Lernen und Gedächtnis tatsächlich weiß".

Unterrichtsstil

Die verschiedenen Arten von Unterrichtgestaltung und methodischen Vorgehensweisen sind flexibel und an Unterrichtsinhalte anzupassen.

Wer mit der angesprochenen Altersgruppe zu tun hat, muß in der Lage sein, *von offenen bis zu geschlossenen Situationen* unterrichten zu können. Da im Kapitel 1 des Theorieteils ausführlich über Ziele, Inhalte und Methoden gesprochen wurde, soll an dieser Stelle nur noch in ganz knapper Wiederholung das Wichtigste erwähnt werden.

In *offenen Unterrichtssituationen* ist nicht das zu erreichende Ziel, das Produkt, wichtig, sondern all das, was sich auf dem Weg zu einem Ziel hin abspielt: das *prozeßhafte Geschehen.* Diese Situationen erfordern ebenfalls Zeit zum Lernen, die wir den Kindern verfügbar machen müssen. „Denn das System kann nur dann genau (und damit gut) funktionieren, wenn es sehr langsam lernt" Spitzer (1996, S. 62). Dieses langsame Lernen ist notwendig, „weil erstens nur so Abstraktion von Einzelfällen möglich ist, weil man sich zweitens der optimalen Lösung nähert und nicht über das Ziel hinausschießt und weil man drittens nur so nicht ständig alles früher Gelernte wieder vergißt" (SPITZER 1996, S. 57). Offener Unterricht heißt nicht, sich als Lehrkraft nicht vorbereiten zu müssen und bedeutet keinesfalls Chaos im Unterricht. Für Kinder beinhaltet diese Art von Unterricht, daß sie viel – auch mit anderen gemeinsam – erarbeiten müssen, um Lösungen für entsprechende Situationen zu finden. Diese offenen Situationen können jedoch nur von sehr kompetenten Lehrkräften angewandt werden, die Erfahrung und Wissen mitbringen. Sie bieten aber zugleich auch die Gelegenheit, Kinder in ihren Tätigkeiten zu beobachten und daraus – manchmal wichtige – Rückschlüsse ziehen zu können. Lehrkräfte, die offene Unterrichtssituationen im Wasser zulassen, sind keinswegs faule Lehrer, sondern unterrichten im Interesse und zum Wohl des Kindes, weil sie wissen, daß sich Kinder sehr individuell entwickeln.

Bestimmte Inhalte des Schwimmunterrichtes lassen sich hervorragend in offenen Situationen umsetzen (vgl. Schaubild, S. 29).

Andere Inhalte sind besser über eine geschlossene Unterrichtsform abzuhandeln. Dieser Unterrichtsstil findet schwerpunktmäßig bei Inhalten Anwendung, die dem Erwerb sportartspezifischer Fertigkeiten dienen und wo die Orientierung an sportmechanischen Kriterien wichtig wird. Dabei wir ein klar strukturierter Weg beschritten, der zu einem fest definierten Produkt führt. Die/Der Unterrichtende steht im Mittelpunkt des Geschehens und gibt vor, was zu machen ist.

Belastungsfaktoren

Die richtige Wahl der Aufeinanderfolge von Inhalten in derselben Schwimmstunde ist nicht zu vernachlässigen, insbesondere für den geschlossenen und damit sportartorientierten Unterricht. Denn dadurch kann maßgeblich auch der Erfolg von Unterricht beeinflußt sein. Die Unterrichtsstunde muß homogen, d. h. in sich geschlossen, verlaufen.

An der immer noch häufig praktizierten Dreiteilung einer Stunde mit Einleitung, Hauptteil und Ausklang darf nicht starr festgehalten werden. Die Orientierung an Belastungsfaktoren und Inhalten scheint sinnvoller.

Für viele Unterrichtende steht das Aufwärmen am Beginn jeder Stunde, weil dies die Sportwissenschaft in den vergangenen Jahren so formuliert hat. Einen äußerst kritischen Artikel zu diesem Thema hat VOLKAMER (1997) verfaßt und prangert darin an, daß die Erkenntnisse der Sportwissenschaft keineswegs in der Ausbildung *„zu einem höheren Reflexionsniveau und damit später zu einem besseren sport- und kindgemäßeren Unterricht führt, sondern vielmehr zu einer Entfremdung der Studenten von Bewegungserleben normaler Kinder und Jugendlicher, vielleicht sogar von ihrem eigenen Bewegungserleben"* (S. 119).

VOLKAMER merkt weiter an, daß in der Schule alles eine Verwertungsperspektive erhält: Es *„geschieht nichts um seiner selbst willen, nicht einmal* *der Sport – das perfekte Abbild unserer Konsumgesellschaft“* (S. 119). Er führt dazu weiter aus, *„daß es sich durchaus lohnt zu versuchen, Sport zu definieren und klar zu sagen, was wir darunter verstehen wollen, wie er sein soll“* (S. 119) und folgert, daß dann eines von mindestens drei grundlegenden Modellen der Bewegung das zweckfreie und spontane Bewegen sei: *„... vielleicht wäre es das, was in der Freizeit der Abenteuersport ist und was wir im pädagogischen Bereich unter „Bewegungserziehung“ verstehen? Ich glaube, es ist kein Zufall, daß diese Art des „spontanen Sports“ in letzter Zeit zunehmend in den Mittelpunkt des pädagogischen Interesses gerät, während die herkömmliche Art des Sports trotz oder vielleicht wegen seiner zunehmenden Verwissenschaftlichung, Rationalisierung, Planung an Attraktivität verliert. – Nur ist zu befürchten, daß die ‚Bewegungserziehung‘ auch bald wissenschaftlich eingeholt wird – mit entsprechenden Folgen“* (S. 119).

Ein Beispiel neueren Datums hierfür ist Inline-Skating, eine Kinder wie Erwachsene faszinierende Sportart, die zwischenzeitlich leider auch schon von der Wissenschaft entdeckt und eingeholt wurde, obwohl sie keineswegs benötigt würde. Kinder wollen doch nur einfach fahrend Erfahrung sammeln, sich mit der fortschreitenden Erfahrung weiterbringen und sich zunehmend an schwierigere Situationen wagen.

Für die Schule, bei ihren Zielen, Inhalten und den anstehenden Belastungsintensitäten und Belastungszeiträumen ist das Thema Aufwärmen im Schwimmunterricht kein Thema. Das Freigeben des Wassers zum selbst gewählten Tun ist vollkommen ausreichend. Kinder im Grundschulalter sind durchaus in der Lage, ein ihnen vertrautes Kleines Spiel zu Beginn des Unterrichtes selbst zu organisieren, wenn sie dazu die Möglichkeit erhalten.

Es ist zu beachten, daß koordinative Aufgaben auf jeden Fall vor konditionelle zu stellen sind. Eine Ausdauerbelastung vor einer koordinativen Aufgabe durchzuführen, kann sich negativ auf die Koordinationsfähigkeit auswirken und diese herabsetzen.

Ein Kleines Spiel muß nicht unbedingt den Ausklang einer Unterrichtsstunde darstellen. Wenn beispielsweise nur noch fünf Minuten zur Verfügung stehen, macht die Durchführung auch eines bekannten Kleinen Spieles keinen Sinn. Ein abschließendes gemeinsames Gespräch mit den Kindern, wenn dies zu den Inhalten der Stunde paßt, kann in diesem Fall weitaus sinnvoller sein.

Vielseitiger Schwimmunterricht

Schwimmunterricht ist auf Vielseitigkeit hin auszurichten!

Darauf wurde bereits an anderer Stelle eingegangen.

Trotz der geforderten Vielseitigkeit darf nicht *„das In-die-Tiefe-gehen“* vernachlässigt werden. Gemeint ist das *intensive Üben* von Inhalten – sowohl in offenen als auch geschlossenen Situationen –, damit diese von

Kindern verinnerlicht werden können und sie darüber verfügen. Dabei darf Vielseitigkeit nicht gleichgesetzt werden mit dem Motto: Heute dieses zu tun, morgen jenes zu machen und übermorgen etwas anderes zu probieren. Gerade Kinder in unserer heutigen Zeit müssen lernen, an Aufgaben zu bleiben, sie auch zu wiederholen, wenn sie diese anwenden bzw. darüber verfügen wollen.

! *Üben und Wiederholen darf keinesfalls als etwas Negatives gesehen werden!*

Dies ist für Kinder auch deshalb dringend notwendig, weil dadurch auch ihre innere Einstellung und Haltung positiv beeinflußt wird. Bewegungen beherrschen zu lernen, ist stets verbunden mit viel Üben. Es macht Kindern Freude, eine gekonnte und sichere Bewegung anzuwenden. Einen interessanten Beitrag zu diesem Thema hat Bollnow (1974) mit dem Thema „Übung als Weg des Menschen“ veröffentlicht.

Brezinka (1986; 1987) hat sich u. a. ebenfalls mit diesem Thema befaßt.

Wechsel von Inhalten innerhalb der Schwimmstunde

Sind in einer Schwimmstunde verschiedene Inhalte geplant, ist unbedingt auf deren sinnvollen Wechsel zu achten. Dies gilt vor allem für Inhalte aus dem sportartbezogenen Bereich, dem „geschlossenen“ Unterricht. Der zeitliche Umfang sportartbezogener Inhalte darf nicht übertrieben werden. (Es sei an dieser Stelle auf Abb. 1, S. 16, verwiesen, wonach diese Inhalte noch nicht für Kinder im Kindergartenalter und der Klassenstufen eins und zwei der Grundschule geeignet sind). Es ist immer besser, diese nur solange durchzuführen, wie sich Kinder auch darauf konzentrieren können. 15 Minuten intensiven Übens bringen meist mehr Erfolg als 30 Minuten unkonzentrierten Tuns. Das Vermitteln einer Schwimmtechnik auf einen längeren Zeitraum auszudehnen und in „kleinen Portionen“ anzubieten bewirkt mehr, als sie in wenigen Stunden in „geballter Ladung“ umsetzen zu wollen.

Für offene Unterrichtssituationen wird auf die zitierten Untersuchungsergebnisse von Schädle-Schardt (1997) auf den Seiten 18 bis 20 verwiesen.

Materialien

Der Einsatz von Materialien ist so zu planen, daß innerhalb einer Schwimmstunde nicht zu viele verschiedene Materialien Verwendung finden. Es ist vielmehr zu überlegen, ob sich nicht dasselbe Material auch für die anderen Stundeninhalte eignet. Der Wechsel mehrerer Materialien innerhalb einer Unterrichtsstunde benötigt zu viel Zeit, die anderweitig besser nutzbar ist.

Attraktivität von Schwimmunterricht

Schwimmunterricht mit der angesprochenen Altersgruppe bietet unendlich viele Möglichkeiten!

Auch bei Grundschülern, die von Klasse eins bis vier durchgängig Schwimmunterricht haben, *darf nie Langeweile aufkommen!*

Praxisteil

1 Allgemeine Bemerkungen

Die Beispiele in den Kapiteln 1–6 sind als Anregungen zu verstehen, die sich erweitern lassen. Die Beobachtung von Kindern, die mit und im Wasser spielen, experimentieren und gestalten, die sich mit gestellten, offengehaltenen Bewegungsaufgaben auseinandersetzen dürfen, ergeben oftmals viele weitere, gute Anregungen, die man als Erwachsener in sein bestehendes Repertoire einfügen kann.

Viele der aufgezeigten Beispiele eignen sich zur eigenen, freien Wahl des Weges im Wasser; d. h. *straffe Organisationsformen* und Wegvorgaben sind weniger gut geeignet. Das Suchen nach eigenen Wegen fordert den einzelnen in seinem Beobachten, Planen und Handeln viel mehr heraus und macht durch häufiges Ausweichen vermehrt auch Gleichgewichtsreaktionen erforderlich.

Nur solche Aufgaben sollten in straffe Organisationsformen eingebunden werden, die bei selbstgewähltem Weg unfallträchtig sind, wie das „Flipper"-springen rückwärts, oder wenn andere durch Kreuzen des Weges den Bewegungsfluß erheblich stören, wie beim Lernen von Schwimmtechniken.

Für viele Aufgabenstellungen ist es wünschenswert, *dieselbe Aufgabe in unterschiedlichen Wassertiefen erproben und erfahren* zu lassen, wenn dies durch die Schwimmbadsituation möglich ist. Das Optimum bietet hier ein Bad mit Hubboden, der in der Regel zwischen 30–180 cm in unterschiedlichen Stufen verstellbar ist. Bei Aufgaben zum Gehen, Laufen und Hüpfen beeinflußt die Eintauchtiefe des Körpers das Auftriebsverhalten. Dadurch muß die Bewegung der Situation angepaßt werden. Laufen im knietiefen, im hüfttiefen, im brusttiefen und im halstiefen Wasser auszuführen, bewirkt koordinative Adaptationsprozesse. Variables Einsetzen der gleichen Bewegung unter veränderten Bedingungen macht diese sicherer und besser verfügbar.

Hinweis:
Eine Vielzahl der im Praxisteil beschriebenen Aufgaben sind mit Altersangaben versehen. Diese sind für Leser nur als Orientierungshilfe gedacht, da sie zwangsläufig auch beeinflußt werden von vorhandenen Erfahrungen, die Kinder bislang mit dem Wasser gesammelt haben.

2 Bekannte Fortbewegungen ins Wasser übertragen

Gehen und Laufen

- Sich vorwärts/rückwärts/seitwärts mit wechselnden Geschwindigkeiten durchs Wasser bewegen.
- Ohne und mit Einsatz von Armen und Händen. Dabei nach verschiedenen Möglichkeiten des Arm- und Handeinsatzes suchen.

  Geeignet: Für alle angesprochenen Altersstufen.

- Für diese Aufgabe können Kinder auch Materialien zur Erzeugung von Vortrieb verwenden, die ihnen deutlich machen, daß das eine Material so viel Kraft erfordert, daß es nicht durchs Wasser bewegt werden kann; oder daß ein anderes Material sich wegen des hohen Wasserwiderstandes durchbiegt und deshalb ungeeignet ist; oder daß ein Gegenstand ungeeignet ist, weil seine Fläche zu klein ist und dadurch keine Vorteile bringt; oder daß die unterschiedliche Handhabung ein und desselben Gegenstands veränderte Wirkungen erzeugt. Sie sollten z. B. erproben können, was Schwimmflossen bewirken, wenn sie an den Händen getragen werden.

  Kinder sollten für diese Aufgabe Materialien ausprobieren, die sie in der Schwimmhalle finden und auch unzerbrechliche Gegenstände, die sie von zuhause mitbringen dürfen.

  Geeignet: Diese Variante ist ab 7/8 Jahren geeignet.

- Sich zu zweit
  - nebeneinander mit Handfassung,
  - hintereinander mit Hand-Schulter-Kontakt in unterschiedlichen Geschwindigkeiten durchs Wasser bewegen.

  Geeignet: ab 4/5 Jahren.

- Zu zweit hintereinander „Schatten"-gehen/-laufen, ohne Zusatzbewegungen.

  Geeignet: ab 5/6 Jahren.

- Verfolgungsrennen zu zweit:
  A versucht, B davonzulaufen.
  B hat die Aufgabe, möglichst nahe hinter A zu bleiben.

  Wer löst seine Aufgabe ?

  Geeignet: ab 5/6 Jahren.
  Die Partner sollten etwa die gleiche Leistungsstärke haben.

- Aus dem Verfolgungsrennen entsteht ein Fangspiel:

  Hat der Fänger B seinen Vordermann A berührt, halten beide an und drehen sich um. A wird Fänger und zählt z. B. bis fünf. In dieser Zeit hat B die Chance, wegzulaufen. Wird A gefangen, gibt es erneut einen Rollentausch.

  Geeignet: ab etwa 7 Jahren.

  Die Paare sollten etwa die gleiche Leistungsstärke haben.

- „Der Blinde und sein Führer“:

  Zu zweit hintereinander; der „Hintermann“ legt seine Hände auf die Schultern des „Vordermannes“ und schließt die Augen. Der „Blinde“ wird von seinem sehenden Führer sicher durchs Wasser gelenkt.

  Geeignet: ab etwa 6 Jahren.

- „Der Herr und sein störrischer Esel“:

  Einen anderen gegen dessen Widerstand durchs Wasser schieben. Der „Herr“ kann seine Aufgabe gehend/laufend/schwimmend zu bewältigen versuchen.

  Geeignet: ab etwa 8 Jahren.

- Einen Partner vorwärts/rückwärts/seitwärts gehend/laufend/(hüpfend) durchs Wasser tragen.

  Geeignet: ab etwa 8/9 Jahren.

- Zu mehreren sich in „Schlangen“/„Ketten“ durchs Wasser bewegen.

  Geeignet: ab etwa 6 Jahren.

- In Kreisaufstellung mit Handfassung: Den Kreis nach rechts und links drehen. Erproben, wie schnell sich der Kreis drehen läßt.
  - Es können auch mehrere Kreise ineinander sich in gleicher/entgegengesetzter Richtung drehen.
  - Auf Signal wird eine Richtungsänderung durchgeführt.

  Geeignet: ab etwa 7 Jahren.

- „Das wildgewordene Pferd“:

  B steht hinter A und hält ihn mit beiden Armen in Bauchhöhe fest. A versucht, B mit nach vorne zu ziehen, während B ihn am Ort festhalten will.

  Regel: B darf A nicht vom Boden abheben !

  Geeignet: ab 7/8 Jahren.

Hüpfen: Beid- und einbeinig

- Mit kleinen/großen Sprüngen vorwärts, rückwärts und seitwärts durchs Wasser hüpfen.

  Geeignet: ab etwa 4 Jahren.

- Hüpfen am Ort und sich dabei um die Längsachse drehen. Nach rechts und links; mit kleinen und großen Drehungen.

  Geeignet: ab etwa 4 Jahren.

- Hüpfen am Ort und „riesengroß“ werden.

  Später „riesengroß“ und „zwergenklein“ verbinden.

  Geeignet: ab etwa 4 Jahren.

- In 4er- bis 6er-Gruppen durchs Wasser hüpfen. Jede Gruppe steht hintereinander, die Hände werden auf die Schultern des „Vordermannes“ legen.
  - Vorwärts/rückwärts/seitwärts.
  - Zusatzaufgaben bewältigen, wie gemeinsam untertauchen.

  Geeignet: ab 8/9 Jahren.

- „Schoßsitzen“:

  Die ganze Gruppe bildet einen Kreis. Jeder steht so im Kreis, daß z. B. seine rechte Schulter zur Kreismitte zeigt. Die Hände werden auf die Schultern des „Vordermannes“

gelegt und man setzt sich auf die Oberschenkel des „Hintermannes“.

Wenn alle sicher sitzen, wird versucht, hüpfend den Kreis vorwärts und rückwärts zu bewegen.

Geeignet: ab 9/10 Jahren.

Hinweis:

Die Mehrzahl der Aufgaben zum Gehen und Laufen können auch in der Fortbewegung Hüpfen angeboten werden.

3 Ans Wasser gebundene Bewegungen kennenlernen

- Wie ein „Flipper“ (= Delphin) vorwärts durchs Wasser springen. Während des Springens und Eintauchens sind die Arme zum Schutz des Kopfes nach vorne gestreckt.

  Zusatzaufgaben:

  - Was muß der „Flipper“ tun, um mit seinen Händen den Beckenboden erreichen zu können?

  ! *Die Wassertiefe muß sicherheitshalber mindestens 90 cm betragen!*

  - Kann der „Flipper“ auch rückwärts springen?

! *Diese Aufgabe darf aus Gründen der Sicherheit nur in straffem Organisationsrahmen durchgeführt werden: Es darf kein Durcheinander und Gegeneinander zugelassen werden!*

- Hechtsprünge seitwärts machen wie der Torwart beim Fußball: nach rechts und links. Die Arme sind zum Schutz des Kopfes nach vorne gestreckt.

  Zusatzaufgabe:

  - Wem gelingt es, mit den Händen den Beckenboden zu erreichen.

Geeignet: Alle Aufgaben sind ab einem Alter von 5/6 Jahren möglich.

4 Materialien für das Wasser

Das materiale Angebot für das Wasser ist heute sehr reichhaltig. In vielen öffentlichen Bädern, vor allem den Erlebnisbädern, stehen verschiedenste Materialien für die Benutzung während des öffentlichen Badebetriebes bereit. Das Argument der Verschmutzung des Wassers durch solche Materialien ist keinesfalls stichhaltig, vorausgesetzt, sie werden nur im Schwimmbad verwendet.

Gewisse Probleme können sich bei der Lagerung ergeben, da in der *Raumplanung* vieler Hallenbäder die Lagerung von Geräten nicht oder in nicht ausreichendem Umfang vorgesehen wurde.

Schwimmen im öffentlichen Hallenbad heißt auch heute leider noch vielerorts schwimmen in Längsrichtung. Mit derartigen Organisationsstrukturen und Reglementierungen lassen sich heute kaum mehr Kinder zum Besuch von Hallenbädern motivieren. Sie benötigen andere Angebote und Möglichkeiten.

Die folgende Auflistung von Materialien erhebt keinen Anspruch auf Vollständigkeit, möchte aber auf die breite Palette aufmerksam machen.

Autoschläuche

Sie sind am billigsten gebraucht beim Reifenhändler zu bekommen.

Lange Ventile sind aus Sicherheitsgründen abzudrehen. Dies ist problemlos möglich. Der überstehende Rest von circa zwei Zentimetern wird nach Befüllung des Schlauches mit Luft mit starkem, wasserunlöslichem Klebeband gut abgeklebt.

Bälle

in verschiedenen Variationen:
- Luftballons,
- Rundballons,
- Wasserbälle,
- Bälle aus Kunststoff,
- mit salzhaltigem Wasser gefüllter Ball („Unterwasserball“).

Schüsseln, Eimer und Wannen

aus Kunststoff in den unterschiedlichsten Größen, Formen, Farben und Materialqualitäten.

Haushaltsschwämme

Rohre aus Kunststoff in verschiedenen Längen, Durchmessern und Materialien; gerade und gebogen

Schwimmbretter/Surfboards

in unterschiedlichen Größen und Stärken.

! Bei der Beschaffung ist darauf zu achten, daß die Kanten gerundet sind, das Material wasserabweisend und nicht zu hart ist, aber eine gewisse Biegesteifigkeit besitzt. Greiföffnungen für die Finger sind unnötig: Sie begrenzen nur die Einsatzmöglichkeiten.

Pool-Noodles und Verbinder

Diese Geräte (auf den Bildern der Seiten 32 und 72 zu sehen) sind hervorragend geeignet zum Spielen, Experimentieren und Gestalten im Wasser. In den Katalogen der Anbieter von Sportartikeln tragen sie unterschiedliche Bezeichnungen.

Noodles

Das Besondere dieses Materials ist sein günstiger Preis und seine Haltbarkeit.

Verbinder

Zur Zeit werden diese Verbindungsstücke nur von wenigen Anbietern verkauft.

Die Konstruktion ist leider noch nicht ganz ausgereift, denn das Material zwischen den beiden Löchern an der Längsseite ist nicht stabil genug. Es reißt sehr leicht auf. Hier muß der Hersteller sicher nachbessern.

Schwimmstege, -matten und -inseln

in diversen Größen, Stärken, Formen und Farben.

Diese Geräte bieten die vielfältigsten Einsatzmöglichkeiten. Einige werden auf den Seiten 68–71 beschrieben und im Bild gezeigt.

In der Regel wird in einem Fachbuch keine Werbung für eine Firma gemacht. Hier scheint mir dies allerdings angebracht, weil solche Matten zu unterschiedlichsten Preisen und Qualitäten auf dem Markt sind. Ein holländischer Hersteller bietet qualitativ sehr gute Matten zu sehr günstigen Preisen an. Sie sind zudem sehr leicht und können von Kindern ohne Probleme transportiert werden.

Bezugsadresse der deutschen Niederlassung:
IMBEMA Kunststoffchemie,
Enzstr. 17,
70799 Kornwestheim,
Tel.: 07154/30 91

Sinkfähige Materialien aller Art

zum Tauchen.

Schwimmrollen

Standup-Reifen

zum Durchtauchen. Durch Anhängen von Gewichten und Befestigen von Auftriebskörpern können sie auf unterschiedliche Wassertiefe gebracht werden.

Mit Luft gefüllte Verpackungsmaterialien

Dieses Material ist billiger als Schwimmatten, aber auch nicht so haltbar und nicht in dieser Vielfalt einsetzbar.

Wasserspielklötze

schwimmfähig und in verschiedenen Formen und Farben.

Saugheber und Gummisauger,

die sich an Beckenwand oder -boden festmachen lassen. Sie dienen dem variablen Abtrennen von Bewegungsräumen oder Anbringen von Materialien.

Vor der Beschaffung von Geräten ist ein Blick in die Kataloge der Anbieter immer lohnenswert, da die Preise für dasselbe Produkt sehr unterschiedlich ausfallen können.

Einige Beispiele für Autoschäuche

- Auf Autoschläuchen sitzen, liegen oder stehen.

> **!** ***Beim Stehen ist unbedingt darauf zu achten, daß der Abstand zum Beckenrand groß genug ist!***

- In Autoschläuchen liegen.
- Autoschläuche in Verbindung mit anderen Materialien verwenden, z. B. mit Schwimmbrettern, -sprossen, Wannen, Matten.
- Autoschläuche als Boote und Schwimmsprossen als Paddel einsetzen. Diese Kombination eignet sich sehr gut auch für Platzwechsel- und Fangspiele, sowie Staffeln. Sie bietet sich besonders für Kleingruppen an (3er-, 4er-Gruppen mit jeweils einem Schlauch, jeder hat ein Paddel).
- Vom Wasser (stehtief) aus in Autoschläuche springen.
- In und durch Autoschläuche tauchen.
- Vom Beckenrand in Autoschläuche springen.

Dabei ist unbedingt auf ausreichende Wassertiefe zu achten. Die Möglichkeiten des Springens auf ihre Gefährlichkeit überprüfen.

> **!** ***Gestatten Sie nicht alles! Lassen Sie Vorsicht walten bei kopfwärtigen Sprüngen...***

... durch Autoschläuche hindurch vom Beckenumgang aus: Die Wassertiefe muß mindestens 1,80 Meter betragen (Beispiele im Praxisteil, Kapitel 7).

Bälle

Alle Aufgaben sollten möglichst mit verschiedenen Ballarten erprobt werden. Aus den daraus gewonnenen Erlebnissen und Erfahrungen lassen sich Erkenntnisse über Ballbewegungen und daran angepaßte Bewegungshandlungen ableiten. Kinder stellen dadurch fest, daß nicht alle Bälle für alle Aufgabenstellungen gleich gut geeignet sind.

- Bälle zum Beckenboden transportieren. Kinder sollen im Experimentieren selbst herausfinden, mit welcher Ballart die Aufgabe besonders einfach, mit welcher überhaupt nicht zu lösen ist. Sie sollen erproben, wie viele Bälle der einzelne zugleich zum Beckenboden transportieren kann.

  Mit dieser Aufgabe läßt sich sehr intensiv der Auftrieb erleben und erfahren, wie groß dieser für einen ins Wasser eingetauchten Gegenstand ist.

  Geeignet: ab etwa 5/6 Jahren.

- Sich mit einem unter Wasser gehaltenen Ball fortbewegen.

  Geeignet: ab etwa 4/5 Jahren.

- Einen Ball unter Wasser drücken und loslassen.
  Zusatzaufgaben lösen.

  Geeignet: ab etwa 4/5 Jahren.
- Versuchen, den auf dem Wasser liegenden Ball wegzukicken.

  Geeignet: ab etwa 5/6 Jahren.
- Den Ball in die Luft werfen und versuchen, ihn
  - aufzufangen,
  - wegzufausten,
  - wegzuköpfen,
  - wegzukicken.

  Geeignet: ab etwa 6/7 Jahren.
- Auf einem Ball
  - liegen,
  - sitzen,
  - stehen.

  Vergleiche ziehen zwischen verschiedenen Bällen und dem Schwimmbrett bei gleicher Aufgabenstellung.

  Geeignet: ab etwa 7 Jahren.
- Zu zweit/dritt/viert mit einem Ball spielen.
- Kleine Spiele mit Bällen organisieren.
  (Beispiele sind im Kapitel 5.4 des Praxisteils zu finden).
- Bälle zum Springen ins Wasser einsetzen.
  (Beispiele sind im Kapitel 7 des Praxisteils nachzulesen).

Schüsseln, Eimer und Wannen

- Schüsseln, Eimer und Wannen mit Wasser füllen und zum Sinken bringen. Welche Materialien eignen sich zum Befüllen?

  Gruppenwettbewerb:

  Die eigene Wanne möglichst schnell mit Wasser füllen und zum Sinken bringen. Welche Gruppe ist die schnellste?
- Umgedrehte, am Beckenboden liegende Wannen als Sprungplattform benutzen.
- Unter umgedrehten, an der Wasseroberfläche schwimmenden Wannen sein und darin Geräusche erzeugen.
- In umgedrehte, an der Wasseroberfläche schwimmende Wannen tauchen und darin Luft holen.
- Auf dem Beckenboden stehende Wannen als Behältnisse für Tauchspiele verwenden.
- In einer Wanne sitzen und versuchen, das Gleichgewicht zu halten.

  Wer in der Wanne sitzen bleiben kann, versucht mit Hilfe von Paddeln (es eignen sich die Hände, eine Schwimmsprosse oder ein Paddel), sich mit ihr durchs Wasser zu bewegen.

Abb. 7: Das Bild zeigt einen 7jährigen Jungen, der in einer Wanne sitzt und versucht, im Gleichgewicht zu bleiben. Mit Hilfe von Paddeln bewegt er sich durchs Wasser.

Haushaltsschwämme

- Mit dem nassen Schwamm sich selbst und andere waschen. Diese Spiele kann man auch im Duschraum anbieten.
- Mit dem nassen Schwamm Wasser spritzen.
- Den nassen Schwamm als Fluggerät verwenden. Aufgaben, die mit Bällen gemacht werden können, lassen sich auch mit Schwämmen durchführen.

  Kleine Spiele sind ebenfalls möglich.
- Nasse Schwämme eignen sich hervorragend für „Wasserschlachten".

  Kinder, die vor den fliegenden, nassen Schwämmen Angst haben, werden in diese Situation nicht miteinbezogen. Sie dürfen sich anderweitig beschäftigen und müssen von den an der „Wasserschlacht" beteiligten Kindern in Ruhe gelassen werden.

Schwimmbretter/Surfboards

Wenn Schwimmbretter die eingangs dieses Kapitels erwähnten Gütekriterien erfüllen, sind sie im Schwimmunterricht sehr vielseitig verwendbar.

- Mit dem Schwimmbrett Wasser spritzen.
- Mit dem Schwimmbrett Wellen erzeugen und nach Möglichkeiten der Wellenerzeugung suchen.
- Durch Wellen Materialien, z. B. Bälle, durchs Wasser treiben.

  Eine größere Gruppe von Kindern (10–15) bildet einen Kreis, in dessen Mitte mehrere leichte Bälle liegen. Jeder versucht, indem er mit seinem Brett Wellen macht, Bälle von sich fernzuhalten.
- „Wellenbäder" erzeugen.

  Eine größere Gruppe von Kindern (10–15) macht einen Kreis. Zwei oder drei Kinder nehmen in der Kreismitte die „Hockschwebe" ein (sie gehört zum Erfahrungsbereich „Statischer Auftrieb" der Wasserbewältigung). Die anderen erzeugen mit ihren Brettern Wellen, so daß die Liegenden in den Wellen geschaukelt werden.

  Dieses Spiel ist auf dem folgenden Bild zu sehen.

Abb. 8: Aufgenommen während einer Fortbildung für Lehrkräfte.

Hinweis: Diese Aufgabe kann Kindern erst dann gestellt werden, wenn sie die Position „Hockschwebe" kennengelernt haben.

- Das unter der Wasseroberfläche gehaltene Schwimmbrett auf verschiedene Arten bewegen.

  Sich in unterschiedlichen Geschwindigkeiten mit dem unter der Wasseroberfläche gehaltenen Brett durchs Wasser bewegen. Verschiedene Stellungen des Schwimmbretts erproben und die Wirkungen erfahren und erkennen.

- Im stehtiefen Wasser beim Vorwärtsgehen das Schwimmbrett mit und ohne Festhalten hinter sich mitziehen. Dabei feststellen, daß das Brett auch ohne Festhalten hinterherschwimmen kann.
- Das Schwimmbrett unter Wasser drücken und loslassen. Nach verschiedenen Lösungen suchen und die unterschiedlichen Wirkungen erleben, erfahren und erkennen.
- Das Schwimmbrett zum Beckenboden transportieren. Erproben, ob dies überhaupt möglich ist.

  Wenn ja, bis zu welcher Wassertiefe gelingt mir diese Aufgabe.

  Wie viele Bretter kann ich zugleich zum Boden bringen?

  Geeignet: ab 7/8 Jahren.
  Die Größe und Stärke der vorhandenen Bretter beeinflußt das Machbare.
- Das Schwimmbrett zum Springen ins Wasser verwenden.
  (Beispiele hierfür sind im Praxisteil, Kapitel 7 beschrieben.)

Auf dem Schwimmbrett sitzen

- Sich auf das Brett setzen (schon dies ist nicht einfach), im Gleichgewicht bleiben und sich dann vor- und rückwärts bewegen durch den Einsatz der Arme und Hände.

  Nach verschiedenen Möglichkeiten des Arm-Hand-Einsatzes suchen.

  Geeignet: ab 7/8 Jahren.

  Auch jüngere Kinder können diese Aufgabe versuchen. Es fällt ihnen jedoch schwer, auf dem Brett sitzen bleiben zu können. Selbst wenn das Ziel nur eingeschränkt erreicht wird, sammeln sie materiale Erfahrungen, tauchen unter, müssen den Boden unter ihre Füße bekommen und sich aufrichten. Diese Aufgabe enthält einiges, was zur Wassersicherheit beiträgt.

  Mit Kindern, die diese Aufgabe sicher meistern, können Fangspiele, Platzwechselspiele und Staffeln sitzend auf dem Brett gemacht werden.
- Auf dem Schwimmbrett sitzen und kreiseln.

Die beiden Aufgaben können später auch in Kombination mit einer Schwimmsprosse als Paddel erprobt werden.

- Paarweise; jeder hat ein Brett: Beide sitzen auf ihrem Brett hintereinander. Der hintere legt seine Füße auf die Oberschenkel des vorderen. Sie bewegen sich als Tandem durch das Wasser (vgl. Abb. 9).

Hinweis: Alle Aufgaben im Sitzen lassen sich auch problemlos in nichtstehtiefem Wasser umsetzen.

Abb. 9

Auf dem Schwimmbrett liegen

In Bauchlage
in stehtiefem und nicht-stehtiefem Wasser möglich.

- Ruhig liegen
- Sich vorwärts und rückwärts bewegen und mit Arm-Hand-Bewegungen experimentieren.

  Geeignet: Ab 5/6 Jahren (beide Aufgaben).
- Kreiseln
- Zu zweit, jeder liegt auf seinem Brett.

  Als Tandem mit Körperkontakt sich durch das Wasser bewegen und dabei ...
  - hintereinander liegen,
  - nebeneinander liegen.

Abb. 10: Beide Lehrerinnen (aufgenommen bei einer Fortbildung) liegen nebeneinander, der Kopf ist neben den Füßen der Partnerin. Mit einer Hand wird ein Unterschenkel von ihr festgehalten. Gemeinsam vor- und rückwärts durch das Wasser schwimmen.

In Rückenlage
in stehtiefem und nicht-stehtiefem Wasser möglich.

- Auf dem Wasser liegen und das Schwimmbrett mit beiden Händen vor dem Bauch festhalten. Den Bauch gegen das Brett drücken und ruhig liegen.

  Zwei wichtige *Hinweise* für die Durchführung:
  - Die Ohren befinden sich im Wasser,
  - der Blick ist zur Decke gerichtet.

  Zusatzaufgabe:
  mit Beinbewegungen sich durch das Wasser bewegen.

  Geeignet:
  - Für Kinder, die keine Angst vor der Rückenlage im Wasser haben.
  - ab 4/5 Jahren.
- Mit dem Rücken auf dem Brett liegen (siehe nachfolgendes Bild).

Abb. 11

Drei wichtige ***Hinweise*** für die Durchführung:
- Die Ohren befinden sich im Wasser,
- der Blick ist zur Decke gerichtet und
- die Arme und Hände sind im Wasser.

Die Körperlage wird stabilisiert durch das Grätschen von Armen und Beinen.

Wenn das ruhige Liegen gelingt, kann durch Arm- und/oder Beinbewegungen vor- und rückwärts geschwommen werden. Dabei sollen Kinder unterschiedliche Arm- und Beintätigkeiten erproben.

Geeignet: ab 7/8 Jahren, wenn keine Angst vor der Rückenlage vorhanden ist.

- Kreiseln
- Zu zweit, jeder hat ein Brett und liegt darauf.

  Als Tandem sich
  - hintereinanderliegend (auch in der Dreiergruppe möglich) oder
  - nebeneinanderliegend

  gemeinsam durch das Wasser bewegen.

  Geeignet: ab 9/10 Jahren.
- Zu mehreren einen Stern oder andere Figuren im Wasser legen. Dabei liegt jeder auf seinem Schwimmbrett.

  Geeignet: ab 9/10 Jahren.

Auf dem Schwimmbrett knien

Im stehtiefen und nicht-stehtiefen Wasser möglich.

- Kreiseln

  Geeignet: ab 8/9 Jahren.
- Sich durch Einsatz seiner Hände oder einer Schwimmsprosse fortbewegen.

  Geeignet: ab 9/10 Jahren.

Auf dem Schwimmbrett stehen

In stehtiefem und nicht-stehtiefem Wasser möglich.

Hinweis: Die Aufgabenstellungen im Stehen können Kinder in der Regel nicht vor 8/9 Jahren bewältigen.

- Auf dem Schwimmbrett stehen, dabei unterstützen Armbewegungen diese Position.
- Kreiseln
- Durch Arm-Hand-Bewegungen vor-, rück- und seitwärts durchs Wasser schwimmen. Welche Arm-Hand-Bewegungen sind dabei möglich (experimentieren).

Abb. 12: Eine Aufnahme aus der Lehrerfortbildung: Lehrkräfte erproben das Stehen auf dem Schwimmbrett bei einer Wassertiefe von 3,50 Metern.

Abb. 13: Zwei Jungen (8 und 9 Jahre alt) stehen auf ihrem Schwimmbrett.

- Paarweise: A geht durch das stehtiefe Wasser und zieht/schiebt seinen Partner, der auf einem Brett steht.
- Das Schwimmbrett nach vorne oben in Richtung Wasseroberfläche kommen lassen, ohne den Kontakt mit den Füßen zum Brett aufzugeben. Dann das Brett nach unten drücken, um wieder in die Senkrechte zu gelangen.

  Hinweis: Dies ist eine sehr schwierige Aufgabe, die Ganzkörperkoordination erfordert.

  Geeignet: ab etwa 10 Jahren.
- Die vorige Aufgabe wird abgeändert: Kinder sollen herausfinden, ob es ihnen auch möglich ist, das Brett nach hinten oben in Richtung Wasseroberfläche zu führen.

Mit größeren Schwimmbrettern, Surf-Boards, können die genannten Aufgaben im Liegen, Sitzen, Knien und Stehen auch zu zweit erprobt werden. Sie sind jedoch äußerst schwierig.

In der Gruppe gemeinsam Aufgaben mit Schwimmbrettern bewältigen

- Einen „Berg" aus Schwimmbrettern mit Partnerhilfe erklimmen.

  Wer kann sich auf dem „Berg" möglichst lange im Gleichgewicht halten?

Hinweis:

Es ist unbedingt auf genügend Sicherheitsabstand zum Beckenrand zu achten!

Geeignet: ab 9/10 Jahren.

- Eine vom Beckenrand ins Wasser gebaute „Straße" aus Brettern mit Partnerhilfen begehen.

Abb. 14: Die Aufnahme aus der Lehrerfortbildung zeigt den „Straßenbau" mit Schwimmbrettern.

- In der Gruppe mit Schwimmbrettern ein Floß bauen.
- In 5er-Gruppen und größer einen anderen, der mit jeder Hand und jedem Fuß auf jeweils einem Schwimmbrett steht, durch das Wasser transportieren.

Schwimmstege und -matten

Schwimmatten haben für Kinder einen immens hohen Aufforderungscharakter. Je nach Mattenart, Größe und Stärke können sie alleine, zu zweit und in der Gruppe mit solchen Matten im Wasser spielen, experimentieren und gestalten. Sie eignen sich für die vielfältigsten Möglichkeiten im Wasser. Es sei verwiesen auf die Hinweise der Seite 59 mit der angegebenen Bezugsquelle.

- Vom Beckenumgang oder Startblock aus auf im Wasser liegende Matten springen.

Hinweise:
- ***Sprünge verbieten, die Gefahren beinhalten können!***
- ***Darauf achten, daß die Matten einen genügend großen Sicherheitsabstand zum Beckenrand haben!***

Auf Matten, die im Wasser schwimmen, liegen, sitzen und stehen. (Je nach Größe der Matte alleine oder zu mehreren).

Abb. 15: Auf einer schwimmfähigen Matte liegen.

Die Hände zum Paddeln benutzen oder sich nach anderen dafür geeigneten Materialien umschauen.

Abb. 16: Zu zweit auf einer Matte sitzen und Schwimmsprossen zur Fortbewegung einsetzen.

- Auf dem Beckenumgang einen „Berg“ aus Matten als Absprungplattform bauen, der mit einem Teil ins Wasser ragt. Der „Berg“ kann in Abhängigkeit von der verwendeten Anzahl der Matten unterschiedlich hoch gebaut werden; er sollte jedoch eine Höhe von 1,50 Meter nicht überschreiten. Von dieser Plattform kann man über vielfältige Möglichkeiten ins Wasser gelangen:

Abb. 17: Von der Sprungplattform (Höhe etwa 1,60 Meter) ins Wasser springen bei einer Wassertiefe von 1,80 Meter.

- Springen ins Wasser in verschiedenen Formen;
- auf im Wasser liegende Schwimmbretter oder Matten springen;
- ins Wasser rutschen und rollen;
- in einem Behältnis, z. B. Wanne aus Kunststoff, sitzen und ins Wasser fliegen.

Hinweis:
Die Mindestwassertiefe sollte für alle diese Situationen 1,80 Meter betragen. Nur Rutschen ins Wasser kann auch bei einer Wassertiefe von etwa 1,20 Meter erlaubt werden!

Es wird nur gestattet (Abb 18), mit den Füßen auf der Scheibe zu landen!

Abb. 18: Von derselben Plattform aus auf eine im Wasser schwimmende Scheibe springen.

Abb. 19: Über der Sprungplattform liegt ein „Wasserlaufweg“, dessen eines Ende auf dem Wasser liegt. Die Wassertiefe beträgt 1,80 Meter.

Abb. 20: Das Bild zeigt eine im Vergleich zur vorherigen Aufnahme anders gestaltete Rutsche. Das Mädchen rutscht rücklings mit dem Kopf voran ins Wasser von 1,80 Meter Tiefe.

Abb. 21 (rechts): Auf der Plattform aus Matten in einem Behältnis sitzen, von anderen angeschoben werden und dadurch ins Wasser „fliegen“. Das Behältnis ist aus stabilem Kunststoff und kann in Baumärkten gekauft werden. Der Junge auf dem Bild hat eine spastische Tetraplegie. Er sitzt im Alltag im Rollstuhl, ist ohne Hilfe nicht stehfähig und hat zusätzlich epileptische Anfälle. „Geflogen“ werden ins Wasser, ob vom Startblock oder der Plattform aus bereitet ihm ungemein viel Freude und darf in keiner Schwimmstunde fehlen. An den Unterschenkeln trägt er Gewichtsmanschetten, damit seine Beine im Wasser nicht auftreiben können; Schwimmflossen haben nahezu keine Wirkung, weil die Beine ständig in Überkreuzstellung sind, bedingt durch Innenrotation und Adduktion der Hüftgelenke. Die Oberarmmanschetten benötigt er, damit sein Kopf sicher über Wasser bleiben kann.

Die Abb. 22 (links) zeigt eine aus der Praxis heraus entwickelte Veränderung zum „Fliegen“ von der Plattform: Das Anschieben dessen, der in dem Behältnis sitzt, ist kraftaufwendig. Werden unter das Behältnis Schwimmrollen gelegt, so bewegt sich das Behältnis wie auf einem Rollband. Um den Schwung einzuleiten, ist nur noch wenig Kraft notwendig bzw. mit mehr Krafteinsatz verlängert sich die Flugbahn ganz erheblich.

- Vom Beckenumgang aus über im Wasser liegende Matten laufen und dann ins Wasser springen oder den anderen Beckenrand erreichen.

Abb. 23: Zwei Schüler der Klassenstufe zwei einer Schule für Sprachbehinderte beim Bauen des „Rollbandes“ auf der Mattenplattform.

Abb. 24: Ein schwimmfähiger „Wasserlaufweg“ liegt auf dem Wasser von einer zur anderen Längsseite. Die beiden Enden liegen mit etwa einem Meter Länge auf dem Beckenumgang. Jeweils eine Person steht auf dem Beckenumgang auf dem überlappenden Ende. Dadurch wird der „Laufweg“ fixiert. Das Bild zeigt Kinder im Kindergartenalter beim Spielen auf der Matte.

- In Kombination mit Paddelhilfen lassen sich Matten zu Booten umfunktionieren.

  Kinder können alleine, mit Partner und in Kleingruppen auf einem Boot sitzen und können dieses mit Händen, mit Füßen oder mit Materialien durch das Wasser bewegen.
- Mit schwimmfähigen Matten lassen sich
  - Platzwechselspiele,
  - Fangspiele,
  - Paddelstaffeln

  organisieren.
- Schwimmfähige Matten eignen sich hervorragend für Spiele in der Gruppe.

Abb. 25: Das Bild dokumentiert folgende Spielsituation: Zwischen zwei gespannten Absperrleinen schwimmt eine Vielzahl von Matten. Die Kinder beginnen an einer Schmalseite des Beckens und haben das Ziel, von „Insel“ zu „Insel“ die andere Beckenseite zu erreichen. Die Aufnahme entstand während eines integrativen Schwimmunterrichts der Klasse 2 einer Schule für Sprachbehinderte und der Mittelstufe einer Schule für Geistigbehinderte. Wassertiefe: 1,80 Meter.

- Die zuvor erwähnte Spielsituation läßt sich umgestalten und lautet nun: „Jeder sucht sich schwimmend einen Weg an den Inseln vorbei oder unter den Inseln hindurch.“

  Dabei sollte möglichst keine Insel z. B. mit den Händen weggeschoben werden.

  Hinweis:
  Bei beiden Aufgaben zeigt sich in der Praxis folgende Schwierigkeit: Die Matten verändern durch die Bewegung des Wassers ständig ihren Standort und schwimmen dadurch zum Teil auch über die Begrenzung der Leinen hinweg. Die Nachfrage beim Hersteller ergab, daß es möglich ist, in die Matten durchgehende Löcher zu bohren, ohne daß die Matten dabei Schaden erleiden. Mit Löchern wäre folgende Lösung denkbar, die wir demnächst in Angriff nehmen wollen: Ein langes Seil wird durch das Loch geführt, an dessen einem Ende ein Saugheber befestigt ist, der am Beckenboden haftet. Es muß eine Möglichkeit gefunden werden, wie das andere Ende an der Matte festgemacht werden kann. Zwei Löcher je Matte sollten ausreichend sein, um die Matten auf dem Wasser so fixieren zu können, daß sie nur ganz geringen Bewegungsspielraum haben.

Pool-Noodles und Verbindungsstücke

Neben ihrer Bedeutung als äußerst vielseitig verwendbares Spiel-, Experimentier- und Gestaltungsmaterial im Wasser ist die Pool-Noodle auch besonders gut geeignet für Kinder, die Hemmungen oder Angst vor dem Wasser haben und keine Bereitschaft zeigen, den Bodenkontakt mit den Füßen aufzugeben. Sie ist ein nicht austauschbares Hilfsmittel, wenn mit diesen Kindern der für sie so wichtige Aufenthalt in nicht-stehtiefem Wasser angebahnt wird.

Ihre Vorteile sind darin zu sehen, daß das Material

- durch seine Länge keine Kipptendenz zur Seite aufweist und sehr stabil auf dem Wasser liegt,
- weich und biegsam ist und
- sich für Kombinationen sehr gut eignet wie dies die Bilder auf der Seite 32 dokumentieren.

Mit drei weiteren Bildern sollen die vielseitigen Verwendungsmöglichkeiten dieses Gerätes aufgezeigt werden.

Abb. 26: Schüler einer Klassenstufe 2 beim Gestalten mit diesen Materialien.

Abb. 28: Aus der Lehrerfortbildung: Während eines Schwimmlehrgangs erfahren und erproben Lehrkräfte von Grundschulen, Förderschulen und Schulen für Sprachbehinderte Pool-Noodles.

Schwimmsprossen

Dieses Hilfsmittel hat meines Erachtens mit dem Erscheinen der Pool-Noodle auf dem Markt seine Bedeutung verloren. Der Vorteil der Pool-Noodle ist darin zu sehen, daß das Material weich und biegsam ist im Vergleich zur Sprosse.

Die Schwimmsprosse kann für folgende Erfahrungs- und Lernbereiche eine „Einstiegshilfe" sein:

- „Kopf unter Wasser", „Statischer Auftrieb" und „Dynamischer Auftrieb" für diejenigen Kinder, die ihre letzten Hemmungen dem Wasser gegenüber noch nicht abgelegt haben.
- Mehrere Schwimmsprossen lassen sich zu unterschiedlichen „Bauwerken" zusammenfügen.

Abb. 27 (links): Schüler einer Klassenstufe 2 beim Erproben von Möglichkeiten des Springens mit Pool-Noodles.

- Als Paddel in Kombination mit Schwimmbrett oder Matte(n) ist sie für alle Kinder verwendbar.
- Ebenfalls genutzt werden kann sie für Erfahrungen zum „Statischen Auftrieb", „Wasserwiderstand", „Wassergewandtheit".

Hinweise:

- **Um die Langlebigkeit von Sprossen sicherzustellen, muß Kindern verboten werden, sie aufs Wasser zu schlagen!**

Dies macht ihnen erfahrungsgemäß sehr viel Spaß, beschädigt aber im Laufe der Zeit das Material so stark, daß sich die Bohrungen zum Einstecken des Kunststoffrohres derart vergrößern, daß die Auftriebskörper keinen festen Halt mehr haben und vom Rohr rutschen.

- **Aus Sicherheitsgründen ist vor Benutzung der Sprosse in nicht-stehtiefem Wasser zu überprüfen, ob die Auftriebskörper ganz auf das Verbindungsrohr aufgeschoben sind und dort auch halten!**

Bälle

sind in vielfältiger Weise verwendbar für den Schwimmunterricht. Es werden beispielhaft einige Möglichkeiten aufgezeigt:

- Bälle eignen sich zum Werfen und Fangen; alleine, mit einem Partner oder in der Gruppe.
- Sie lassen sich unter Wasser drücken und man kann nach dem Loslassen beobachten, was mit ihnen geschieht.
- Man kann den Versuch unternehmen, einen Ball zum Beckenboden zu bringen.
- Der Ball eignet sich zum Daraufliegen, -sitzen oder -stehen.
- In unterschiedlichen Aufgabenstellungen einen Ball durchs Wasser treiben fordert Kinder immens heraus, bildet in hervorragender Weise ihre koordinativen Fähigkeiten aus und bereitet ihnen viel Freude.
- Solche Aufgaben lassen sich dann auch in Wetteifersituationen umgestalten: Es werden z. B. Staffelspiele entwickelt.
- Es gibt sehr viele Möglichkeiten des Spielens mit Bällen im Wasser.

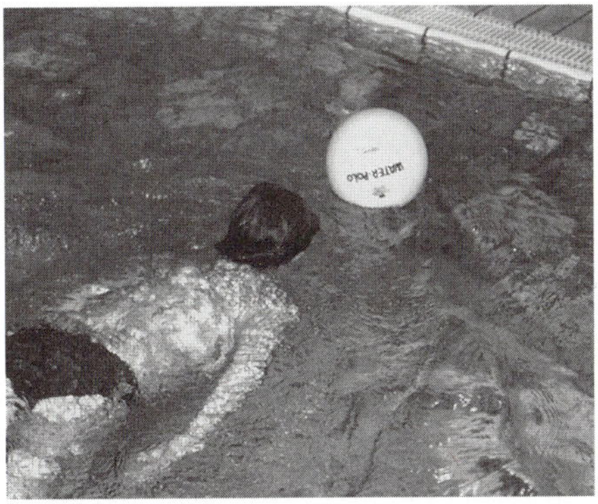

Abb. 29: Ein Schüler der Klassenstufe 2 treibt im 1,80 Meter tiefen Wasser einen Ball quer durch das Becken. Er darf dabei den Ball nicht mit den Händen berühren.

Abb. 31 (rechts): Ein anderer Schüler derselben Klasse löst die Aufgabe in Rückenlage auf andere Art.

Abb. 30: Einen Ball in Rückenlage mit den Füßen durchs Wasser treiben bei einer Wassertiefe von 1,80 Meter. Der 9jährige Junge hat eine leichte spastische Diplegie der Beine, dadurch ist für ihn das Gehen an Land erschwert, weil die Hüften innenrotiert und adduziert sind und die Füße in Spitzfußstellung (plantar flektiert) stehen.

Abb. 32 (rechts): Kinder im Alter zwischen acht und zehn Jahren spielen im stehtiefen Wasser mit einem Rundballon, der sehr langsam und gleichmäßig fliegt. Das Schwimmbrett setzen sie als Schlaggerät ein. Dieselbe Aufgabe ist auch im nichtstehtiefen Wasser durchführbar. Es werden dann jedoch Schwimmflossen notwendig. Die Aufnahme entstand während einer Übungsstunde im Schwimmverein.

- Mit Bällen kann man eine Vielzahl Kleiner Spiele im stehtiefen und nicht-stehtiefen Wasser organisieren.
- Auf vielfältige Art und Weise lassen sich Bälle beim Springen ins Wasser verwenden.

(Beispiele finden sich in Kapitel 7 des Praxisteils).

5 Kleine Spiele im Wasser

5.1 Bemerkungen

Viele Kleine Spiele aus dem Sportunterricht lassen sich ohne Probleme ins Wasser übertragen.

- Es sollten nur solche Spiele zur Anwendung kommen, bei denen sich alle Kinder gleichzeitig und intensiv bewegen müssen.
- Manche Spiele lassen sich unverändert übernehmen, andere bedürfen geringfügiger Abwandlungen, wie der Anpassung von Regeln, um der Situation Wasser gerecht zu werden.

  Dies hat den großen Vorteil, daß Kinder auf Bekanntes zurückgreifen können und keine neuen Spielgedanken lernen müssen. Weiterhin erfahren und erkennen sie, daß viele Kleine Spiele aus dem Sportunterricht auch im Wasser gespielt werden können.
- Spiele sind so zu gestalten, daß ein Ausscheiden unbedingt vermieden wird. Ausscheiden müssen fast immer jene, die eigentlich der Bewegung bedürfen und denen zudem durch ihr Ausscheiden stets vor Augen geführt wird, wie schwach sie sind. Es ist allerhöchstens ein kurzzeitiges Verharren im Spielfluß zu akzeptieren, wie beim Spiel „Steh Bock – Lauf Bock“: Wer abgeschlagen wurde, bleibt im Spiel und wartet auf Befreiung.
- Um Spiele im Wasser organisieren zu können, bedarf es einer genügend großen Wasserfläche in möglichst stehtiefem Wasser.

  Man kann auch in nicht-stehtiefem Wasser Kleine Spiele durchführen. Bedingt durch die Wassertiefe vermindert sich deren Anzahl. Die konditionellen Anforderungen sind hier bei weitem größer, so daß manche Kinder schnell nicht mehr mitmachen können. Hilfsmittel, die hierbei Erleichterung schaffen, sind Schwimmflossen.
- Da bei Kleinen Spielen keine starren Regeln gelten, besteht die Möglichkeit, Kinder am Finden der Spielregeln zu beteiligen oder ihnen die Gestaltung der Regeln selbst zu überlassen, wenn sie dazu entwicklungsmäßig in der Lage sind. Unterrichtende müssen sich jedoch darüber im klaren sein, daß diese Vorgehensweise zusätzlicher Zeit bedarf und es möglicherweise aus dem Spielverlauf heraus notwendig werden kann, Regeln zu verwerfen oder zu ändern.

  Im Kindergarten und in der ersten Grundschulklasse ist dieses Vorgehen, bedingt durch den Entwicklungsstand der Kinder, nur eingeschränkt möglich. 9- und 10jährige Kinder sind in der Lage, Regeln selbst zu finden.

Übungshelfer und -leiter, die sich nur mit Schwimmtechniken befassen, sollten sich ein Repertoire an Kleinen Spielen, z. B. aus der Literatur (z. B. LANG, 1996), aneignen.

5. 2 Kleine Spiele in stehtiefem Wasser

„Wer hat Angst vor dem weißen Hai?"

(Abwandlung des Spiels „Wer hat Angst vor dem Schwarzen Mann" aus dem Sportunterricht).

Spielbeschreibung:

Ein oder mehrere „Weiße Haie" (H) versuchen, die anderen Mitspieler (M) abzuschlagen (zu fangen).

Jeder Durchgang beginnt mit folgendem Sprachdialog:

H ruft/rufen:	„Wer hat Angst vor dem/den „Weißen Hai(en)?"
M antworten:	„Niemand".
H ruft/rufen:	„Und wenn ich/wir komme(n)?"
M antworten:	„Dann laufen/hüpfen/ schwimmen wir davon."

Hinweis:

Dieser zum Spiel gehörige Sprachdialog sollte ernst genommen werden, da er Bewegung und Sprache verknüpft. Noch wichtiger wird dieser Gedanke für Kinder, die in ihrer Entwicklung auffällig sind oder deren Sprachentwicklung verzögert abläuft. Hier liegt eine Situation vor, bei der die im Theorieteil aufgezeigten neuropsychologischen Netzwerkfunktionen des menschlichen Gehirns mit ihrer engen Verflechtung von motorischer Steuerung, Wahrnehmungsverarbeitung, emotionaler Beteiligung (Limbisches System) und retikulärem Aktivierungssystem ineinandergreifen könnten.

Spieler, die vor Erreichen des vereinbarten Ziels abgeschlagen werden, sind im nächsten Durchgang „Weiße Haie" oder erhalten eine andere Aufgabe.

Spielvarianten:

- Es fängt bei jedem Durchgang ***nur ein*** *„Weißer Hai".*

  Geeignet: ab 5/6 Jahren.
- *Abgeschlagene werden beim nächsten Durchgang ebenfalls „Weiße Haie".*

  Geeignet: ab 5/6 Jahren.
- Das Spiel beginnt mit einem, zwei oder drei „Weißen Haien" (je nach Wasserfläche).

  Alle abgeschlagenen Kinder bleiben am Ort ihres Abschlags stehen. Sie werden *mit dem nächsten Durchgang „Kraken",* d. h. Helfer der „Weißen Haie". Am Ort stehend dürfen sie ihre Arme und Beine bewegen.

  Berührung durch eine „Krake" oder einen „Weißen Hai" bewirkt, daß die Berührten im nachfolgenden Durchgang auch „Kraken" werden.

  Die „Weißen Haie" behalten ihre Aufgabe bis zum Spielende bei.

  Geeignet: ab 7/8 Jahren.
- *Die Abgeschlagenen fangen paarweise.*

- *Die Abgeschlagenen bilden eine „Kette" in Handfassung.*

  Es können nur die beiden äußeren Spieler mit ihrer „freien" Hand abschlagen, vorausgesetzt, die „Kette" ist geschlossen.

  Den „freien" Spielern ist es erlaubt, zwischen zwei „Kettengliedern" hindurchzukommen. Die „Kettenglieder" versuchen, dies zu verhindern.

  Geeignet: ab 9/10 Jahren.

Hinweis:

„Weiße Haie" sind optisch deutlich sichtbar zu machen. Dies geschieht am besten mittels einfacher Bademützen, die schnell wechselbar sind.

Spielvarianten:

- Art der Fortbewegung.
- Größe des Bewegungsraums.

In nicht-stehtiefem Wasser:

- Alle haben Schwimmflossen an. Es können folgende Varianten gespielt werden:
  Nur ein „Weißer Hai".
  Mehrere „Weiße Haie".
  Ein „Weißer Hai" und „Kraken".
- Es sitzen alle auf einem Schwimmbrett. In dieser Situation sollten nur die Spielvarianten mit einem oder mehreren „Weißen Haien" angeboten werden.

„Schwarz- Weiß" oder „Tag-Nacht"

Spielbeschreibung:

Zwei Mannschaften, „Schwarz" und „Weiß" bzw. „Tag" und „Nacht", stehen sich in einem Abstand von etwa zwei Metern gegenüber (der Abstand ist abhängig von der Entfernung der Ziele). Die Lehrkraft oder ein nicht am Spiel beteiligter Schüler ruft laut eine der beiden Farben bzw. Tageszeiten.

Die Spieler der gerufenen Farbe/Tageszeit werden Fänger.

Die Spieler der anderen Gruppe fliehen zu ihrem vereinbarten Ziel, z. B. zum Beckenrand. Wer vor Erreichen des Ziels abgeschlagen wird, wechselt zur anderen Gruppe.

Spielvarianten:

- *Ausgangsstellung:*
  - Im Wasser stehen, die Körpervorderseite zeigt zur anderen Gruppe.
  - In Hockschwebe, Gesicht über Wasser.
- *Fortbewegung:*
  - Laufen und rennen.
  - Hüpfen.
  - Schwimmen.
- *Veränderung des Ziels:*
  - Die Gejagten sind erst dann in Sicherheit, wenn sie auf dem Beckenumgang sitzen.

  Geeignet: ab 6/7 Jahren.

„Komm mit – Lauf weg"

Spielbeschreibung:

Vier oder fünf Kinder stehen im Kreis, der einen Durchmesser von etwa drei bis vier Meter hat. Ein weiterer Spieler befindet sich außerhalb des Kreises. Er bewegt sich außen um den Kreis herum und wählt einen Kreisspieler aus. Hinter ihm ruft er laut „Komm mit" oder „Lauf weg". Beide müssen nun eine Runde außen um den Kreis herum laufen. Wer als erster den freien Platz erreicht, bleibt dort stehen. Der andere setzt den Weg um den Kreis herum fort und fordert einen anderen Spieler zum Mitkommen oder Weglaufen auf.

Spielvarianten:

- Anfangs wird nur „Komm mit" gespielt.
- Dann wird nur „Lauf weg" gespielt.
- Später werden beide Möglichkeiten gekoppelt.
- Als Gruppenspiel: Zu zweit, zu dritt oder zu viert hintereinander stehend.

  Beim Signal bewegt sich die ganze Gruppe. Wer als letzter den Ausgangspunkt erreicht, macht weiter.

Veränderungen:

- *Fortbewegung:*
  - Ohne Vorgabe.
  - Laufen und rennen.
  - Hüpfen.
  - Schwimmen.
- *Informationsübermittlung:*
  - Sprechen.
  - Sehen.
  - Berühren.

Hinweis:
Vor jedem Kreisspieler liegt ein Schwimmbrett auf dem Wasser. Damit werden die Plätze markiert; der freie Platz ist gut erkennbar.

Durch die Bewegungen des Wassers müssen die Bretter von Zeit zu Zeit wieder an den richtigen Ort gebracht werden.

Geeignet: ab 5/6 Jahren (die einfachen Ausführungen).

„Einfaches Fangspiel mit mehreren Fängern"

Spielbeschreibung:

Mehrere Kinder werden als Fänger eingeteilt. Jeder Fänger trägt zur Kennzeichnung eine Bademütze.
Wer von einem Fänger abgeschlagen wird, übernimmt dessen Bademütze und Rolle.
Die Zahl der Fänger ist so groß zu wählen, daß alle Kinder in Bewegung sind und ein häufiger Rollentausch stattfindet.

Hinweis:
Die Zahl der Fänger hängt ab von Gruppengröße und Wasserfläche.

Veränderungen:

- *Fortbewegung:*
  - Ohne Vorgabe.
  - Laufen und rennen.
  - Hüpfen.
  - Schwimmen.
- *Abschlagen*
  ist nur an bestimmten Körperteilen erlaubt.

  Geeignet: ab 5/6 Jahren.

„Fangen mit Freimal"

Spielbeschreibung:

Die Hinweise für ein „Einfaches Fangspiel" (S. 78) gelten auch für das Fangen mit Freimal.

Möglichkeiten für Freimale:

- *Ein auf dem Wasser schwimmendes Gerät berühren,* z. B. ein Schwimmbrett.

Hinweis: Die Zahl der Spieler, die gleichzeitig ein Brett berühren dürfen, kann variiert werden.

Geeignet: ab 5/6 Jahren.

- *Untertauchen.*

  Es ist den Fängern verboten, bei Untergetauchten stehenzubleiben.

  Geeignet: ab 5/6 Jahren.

- *Hockqualle* (Hockschwebe).

  Voraussetzung: Diese Position aus dem Erfahrungs- und Lernbereich „Statischer Auftrieb“ (vgl. Praxisteil, Kapitel 9) muß von den Kindern beherrscht werden.

  Geeignet: Für alle Kinder, die die Hockschwebe beherrschen.

- *Liegen in gestreckter Bauchlage.*

  Die Hände dürfen unterstützende „Paddel“-Bewegungen machen.

  Voraussetzung: Die Kinder müssen das Liegen an der Wasseroberfläche bereits können.

  Geeignet: ab 6/7 Jahren, wenn die oben beschriebene Voraussetzung erfüllt ist.

- *Einem Partner beide Hände reichen.*

  Geeignet: ab 9/10 Jahren.

  Diese Spielvariante ist recht anspruchsvoll: Kinder müssen erkennen, daß sie nicht nur vor einem Fänger weglaufen, sondern verfolgten Mitspielern Hilfe anbieten sollen.

Hinweis: Es sind dann zusätzliche Spielregeln zu entwickeln, wenn z. B. die Bildung „fester“ Paare entstanden ist, die sich in Handfassung durchs Wasser bewegen.

- *Zugeworfener Ball/Schwamm.*

Es sind zwei oder drei leichte Bälle oder Schwämme im Spiel. Ein verfolgter Mitspieler kann nicht abgeschlagen werden, wenn er einen zugeworfenen Ball/Schwamm gefangen hat.

Geeignet: ab etwa 10 Jahren, weil

- sicheres Werfen und Fangen von Bällen oder Schwämmen vorhanden sein muß,
- Ball-/Schwammbesitzer erkennen müssen, welcher Mitspieler von einem Fänger verfolgt wird und den Ball/Schwamm benötigt,
- trotz Verfolgung durch einen Fänger dieser Spieler in der Lage sein muß, die Richtung zu erkennen, aus der möglicherweise ein Ball/Schwamm angeflogen kommt.

„Steh Bock – Lauf Bock“

Spielbeschreibung:

Mehrere Fänger versuchen, die anderen zu fangen. Wer abgeschlagen wird, steht am Ort des Abschlags mit gegrätschten Beinen und einem erhobenen Arm.

Die abgeschlagenen Spieler können befreit werden, indem freie Mitspieler zwischen ihren Beinen hindurchtauchen.

Hinweise:

- Die Fänger sind optisch, z. B. durch Bademützen deutlich sichtbar zu machen.
- Die Zahl der Fänger ist abhängig von der Gruppengröße, der Leistungsstärke einzelner Fänger und der Wasserfläche, die zur Verfügung steht.

Regeln:

- Während des Befreiens kann nicht abgeschlagen werden oder
- das Abschlagen während des Befreiens ist erlaubt.

  Geeignet: ab 8/9 Jahren.

„A-B-C-Fangen" in Dreiergruppen

Spielbeschreibung:

A fängt B; danach fängt C Spieler B. Schließlich versucht C, A zu fangen usw.

- *Fortbewegung:*
  - Ohne Vorgaben.
  - Laufen und rennen.
  - Hüpfen.
  - Schwimmen.

Hinweis:

Die Spieler einer Dreiergruppe müssen etwa gleiche Leistungsstärke haben.

Geeignet: ab 8/9 Jahren.

„Der Dritte fängt"

Spielbeschreibung:

Die Gruppe teilt sich in Paare auf; die Paare verteilen sich. Die beiden Partner stehen hintereinander.

Ein Paar wird geteilt: Der eine wird Fänger, der andere wird gejagt.

Der Gejagte kann sich vor dem Fänger retten, indem er sich vor ein Paar hinstellt.

Der hintere – dritte – wird neuer Fänger; der bisherige Fänger wird zum Gejagten (Rollenwechsel).

Spielvarianten:

- Verschiedene Formen der Fortbewegung.
- Die beiden Partner stehen nebeneinander.

  Der Gejagte entscheidet, ob er sich links oder rechts an das von ihm gewählte Paar anstellt.
- Es sind mehrere Paare gleichzeitig als Fänger und Gejagte unterwegs. Der Fänger darf nur den zu ihm gehörigen Partner fangen.

  Die ruhig stehenden Paare müssen gut beobachten, welche Partner zusammengehören. Diese Variante kann erst gespielt werden, wenn die Kinder das Spiel sicher beherrschen.

  Geeignet: ab 7/8 Jahren.

„Wettlauf mit dem Kreis"

Spielbeschreibung:

Vier bis sechs Kinder bilden jeweils einen Kreis mit Handfassung. Ein weiterer Mitspieler – der Fänger –, befindet sich außerhalb des Kreises. Er sucht sich einen „Kreis"-Spieler aus, der ihm gegenübersteht und versucht, diesen einzuholen.

Kreis und Fänger dürfen sich nur in dieselbe Richtung bewegen.

Veränderungen:

- *Fortbewegung:*
  - Ohne Vorgaben.
  - Laufen und rennen.
  - Schwimmen.
  - Dem Fänger wird eine schnellere Fortbewegungsart gestattet als dem Kreis.

Hinweis:

Der Fänger darf die Spieler des Kreises nicht dazu benutzen, um sich an ihnen entlangzuziehen.

Geeignet: ab 7/8 Jahren.

„Kreisfangen“

Spielbeschreibung:

Wie das Spiel „Wettlauf mit dem Kreis“, jedoch dürfen Fänger und Kreis Richtungswechsel durchführen.

Veränderungen:

- Der Kreis bekommt eine erschwertere Fortbewegung als der Fänger.
- Wurde das Spiel häufig gespielt und der „Kreis“ reagiert schnell auf Richtungswechsel des Fängers, hat dieser kaum mehr eine Chance, seine Aufgabe zu lösen.
  Die veränderte Spielregel heißt: Der Fänger darf versuchen, in den Kreis zu gelangen.
  Die „Kreis“-Spieler müssen dieses Eindringen möglichst verhindern.

  Geeignet: ab 8/9 Jahren.

„Katz und Maus“

Spielbeschreibung:

Es wird ein großer Kreis gebildet; die Spieler halten sich an den Händen. Im Kreis befindet sich eine „Maus“; außerhalb eine oder zwei „Katze(n)“.

Die „Katze(n)“ soll(en) die „Maus“ fangen.

Die Kreisspieler unterstützen die Maus und erschweren die Bemühungen der „Katze(n)“.

Geeignet: ab 7/8 Jahren.

„Das geteilte Paar“

Spielbeschreibung:

Zwei Kinder – als „geteiltes Paar“– spielen gegen den Rest der Gruppe. Die Gruppe will verhindern, daß die zwei sich die Hände reichen können.

Hinweise:

- Die beiden dürfen nicht festgehalten werden. Die Gruppe darf jedoch den einzelnen mit ihren Körpern umschließen („einmauern“).
- Den beiden ist jede Fortbewegung, auch tauchen, gestattet. Aber auch sie dürfen ihre Arme und Hände nicht dazu verwenden, um andere „aus dem Weg zu räumen“.

  Geeignet: ab 9/10 Jahren.

„Einmauern“

Spielbeschreibung:

Dieses Spiel weist ähnliche Merkmale auf wie das Spiel „Das geteilte Paar“: Es spielt jedoch nur ein Spieler gegen alle anderen.

Dieser hat die Aufgabe, von einer Beckenseite zur anderen zu gelangen.

Die Gruppe versucht, dies zu verhindern, indem sie ihn „einzumauern“ versucht.

Hinweis:

Die Regeln sind identisch dem Spiel „Das geteilte Paar“.

Geeignet: ab 9/10 Jahren.

„Habicht – Henne – Küken“

Spielbeschreibung:

Fünf bis sieben Spieler stehen hintereinander. Der Vordermann wird mit beiden Händen gut an Bauch oder Schultern festgehalten.

Ein weiterer Spieler – der Habicht – steht vor der Gruppe und will das „Küken“, den letzten der „Schlange“, fangen.

Die „Henne“, erster in der „Schlange“, beschützt mit den hinter ihr stehenden Spielern ihr „Küken“.

Hinweis:

Die „Henne“ muß ihre Arme am oder hinter ihrem Körper lassen.

Geeignet: ab 8/9 Jahren.

„Haltet eure Seite frei“

Spielbeschreibung:

In einem Spielfeld, das durch eine auf dem Wasser liegende Markierung in zwei Hälften geteilt ist, spielen zwei Mannschaften gegeneinander. In jedem Spielfeld schwimmt dieselbe Anzahl an Bällen.

Jede Mannschaft wirft die in ihrem Spielfeld liegenden Bälle ins andere Feld und versucht, am Spielende möglichst wenige Bälle im eigenen Feld liegen zu haben.

Spielgeräte:

- Leichte Bälle aus Kunststoff.
- Langsam fliegende Wasserbälle.
- Schwämme.

Hinweise:

- Die Spielfelder werden durch ein auf dem Wasser liegendes Baustellenband abgeteilt. Die Enden des Bandes können z. B. mit Saughebern an der Beckenwand festgemacht werden.
- Die Mannschaft, die nach dem Signal „Ende“ zuerst vollständig z. B. auf ihrem zugewiesenen Beckenrand sitzt, erhält Bonuspunkte (= Abzug einer gewissen Zahl an Bällen, die noch in ihrem Spielfeld liegen). Dadurch wird das lästige Werfen nach dem „Ende“-Signal unterbunden.

Geeignet: ab 7/8 Jahren.

„Tigerball“

Spielbeschreibung:

Wir spielen in Vierergruppen. Drei Spieler bilden ein nicht zu großes „Dreieck“. Sie werfen sich einen Ball zu.

Der „Tiger“ befindet sich innerhalb dieses Dreiecks und soll versuchen, den Ball zu berühren.

Bei Ballberührung wird derjenige „Tiger“, der den Fehlwurf verursacht hat.

Spielgeräte:

- Leichte Bälle aus Kunststoff.
- Langsam fliegende Wasserbälle.
- Schwämme.
- Mit Salzwasser gefüllte Bälle aus Kunststoff. Werden diese Bälle nicht gefangen, sinken sie ab, und die Kinder müssen ihnen hinterhertauchen.

Hinweis:

Würfe über Kopfhöhe werden nicht erlaubt, weil der „Tiger“ dann kaum mehr die Chance hat, den Ball zu berühren oder fangen.

Geeignet: ab 8/9 Jahren.

„Kanonenball“/„Sautreiben“

Spielbeschreibung:

Zwei sich gegenüberstehende Gruppen versuchen, einen leichten, großen Wasserball über ein Mal bzw. bis zu einem Ziel mit Hilfe anderer Bälle zu treiben.

Von beiden Seiten aus wird dabei mit kleinen Bällen auf den Wasserball geworfen.

Geeignet: ab 7/8 Jahren.

„Kombinationsball"

Spielbeschreibung:

Zwei Mannschaften mit jeweils fünf bis sechs Spielern spielen mit einem leichten Ball in einem begrenzten Feld gegeneinander.

Die ballbesitzende Mannschaft versucht, durch sicheres Werfen und Fangen eine vorgegebene Anzahl von Ballkontakten zu erreichen.

Die andere Mannschaft stört diese Zuspiele und will selbst in Ballbesitz kommen.

Ist die vereinbarte Anzahl Ballkontakte erreicht, erhält die Mannschaft einen Punkt und die andere den Ball.

Spielvariante:

Das Spiel gewinnt zusätzlich an Attraktivität, wenn ein mit salzhaltigem Wasser gefüllter Ball zur Verfügung steht, der beim Nichtfangen oder Fallenlassen unter Wasser sinkt.

Damit Kinder diese Variante spielen können, müssen sie ohne Probleme tauchen können.

Hinweise:

- Es ist verboten, Gegenspieler festzuhalten, naßzuspritzen oder unterzutauchen.
- Wenn es die Bedingungen im Schwimmbad erlauben, sollten möglichst alle Schüler zugleich spielen können, d. h., es müssen auf jeden Fall zwei Spielfelder vorhanden sein.

  Im Wasser lassen sich Spielfelder unter Zuhilfenahme von Beckenwänden, einem auf dem Wasser liegenden Baustellenband und Saughebern, mit denen das Band an der Beckenwand befestigt werden kann, abgrenzen.

  Geeignet: ab 9/10 Jahren.

„Schlagvolleyball"

Spielbeschreibung:

Zwei Fünfer- oder Sechser-Mannschaften spielen auf zwei Feldern gegeneinander. Die Felder sind durch ein Baustellenband – von etwa 2 bis 2,5 Meter über der Wasseroberfläche hängend – getrennt.

Jeder Spieler erhält ein Schwimmbrett, das ihm als Schlaggerät dient.

Es wird mit einem Rundballon gespielt, der sehr langsam und gleichmäßig fliegt oder einem großen, leichten Wasserball.

Hinweis:

Spielregeln, nach denen gespielt wird, können mit den Kindern gemeinsam erarbeitet werden.

Sie sollten möglichst so gestaltet sein, daß der Ball vor dem Überqueren des Baustellenbandes von mindestens zwei Spielern berührt wurde: Zusammenspiel ist gefordert!

Geeignet: ab 10 Jahren.

5.3 Kleine Spiele in nicht-stehtiefem Wasser

Kleine Spiele in nicht-stehtiefem Wasser können auch von Kindern gespielt werden, die noch keine Schwimmtechnik beherrschen, aber mit dieser Wassersituation vertraut sind und sie problemlos bewältigen.

> ***Hinweise:***
>
> - ***In dieser Wassersituation muß der Bewegungsraum begrenzt werden, um die Belastung nicht zu groß werden zu lassen und um Überbelastungen zu vermeiden.***
>
>   ***Die Begrenzungen im Wasser sind optisch deutlich zu kennzeichnen, z. B. durch ein Baustellenband.***
> - ***Die Anzahl Kleiner Spiele in nicht-stehtiefem Wasser ist beschränkter als in stehtiefem Wasser.***

Wichtig ist, daß *Schwimmflossen* vorhanden sind, weil sie die körperliche Belastung in der Spielsituation erheblich verringern.

Dasselbe Spiel im stehtiefen Wasser durchgeführt, ist weit weniger anstrengend, weil die Bewegungsintensität geringer ist.

Das bedeutet, daß die Durchführung Kleiner Spiele in nicht-stehtiefem Wasser die Kondition fordert und fördert. Durch die relativ hohe Intensität werden Reize gesetzt, die in unspezifischer Form Organsysteme zu Adaptationen zwingen. Bei geringerer Leistungsfähigkeit, wie sie viele Kinder, die keinen Schwimmsport betreiben, im Wasser aufweisen, reichen diese Reize bereits aus, um die genannten Anpassungsprozesse auszulösen. Sichergestellt sein muß nur, daß diese Reize häufig genug wirken.

„Wer hat Angst vor dem Weißen Hai?“

Hinweise:

- Dieses Spiel wurde auf den Seiten 76–77 beschrieben und kann dort nachgelesen werden.
- Für die Durchführung des Spiels in nicht-stehtiefem Wasser sollten Schwimmflossen eingesetzt werden.

„Schwarz – Weiß“/„Tag – Nacht“

Hinweise:

- Dieses Spiel wurde auf der Seite 77 beschrieben und kann dort nachgelesen werden.

> - ***Dieses Spiel darf in dieser Wassersituation nicht mit Schwimmflossen gespielt werden, weil viele Schüler auf engem Raum zusammen sind und dadurch die Gefahr von Verletzungen durch die Flossen verhältnismäßig groß ist.***

- Das Schwimmbrett ist ein geeignetes Gerät, um diese Spielsituation zu variieren. Kinder können auf das Brett
  - sitzen (ab 8/9 Jahren geeignet) oder

- stehen (schwierig; ab 9/10 Jahren geeignet).

Der Verwendung von Brettern setzt sicheres Sitzen oder Stehen auf dem Brett voraus!

„Einfaches Fangspiel mit mehreren Fängern"

Hinweise:

- Das Spiel wurde auf der Seite 78 beschrieben und kann dort nachgelesen werden.
- In nicht-stehtiefem Wasser sollten Flossen verwendet werden.
- Weitere Spielvarianten ergeben sich mit dem Hilfsmittel Schwimmbrett:
  - Alle sitzen auf ihrem Brett.
    Ab 8/9 Jahren möglich, wenn sicheres Sitzen auf dem Brett beherrscht wird.
  - Alle stehen auf ihrem Brett.
    Diese schwierige Variante kann erst etwa ab 9/10 Jahren Kindern angeboten werden.

Bei Verwendung von Schwimmbrettern muß der Bewegungsraum klein gehalten und eine größere Zahl Fänger eingesetzt werden, verglichen mit dem selben Spiel in stehtiefem Wasser.

„A-B-C-Fangen" in Dreiergruppen

Hinweise:

- Dieses Spiel wurde auf der Seite 80 beschrieben und kann dort nachgelesen werden.
- In dieser Wassersituation sollte dieses Spiel mit Schwimmflossen durchgeführt werden.
- Wenn Kinder das sichere Sitzen auf dem Schwimmbrett beherrschen, kann dieses Spiel auch in dieser Variante gespielt werden. Dabei darf der Bewegungsraum nicht zu groß sein.

„Kombinationsball"

Hinweise:

- Dieses Spiel wurde auf Seite 83 beschrieben und kann dort nachgelesen werden.
- In nicht-stehtiefem Wasser sollten Schwimmflossen verwendet und der Bewegungsraum kleingehalten werden.
- Die Variante mit einem Ball, der mit salzhaltigem Wasser gefüllt ist, ist in dieser Wassersituation für die angesprochene Altersgruppe nicht möglich.

„Schlagvolleyball"

Hinweise:

- Dieses Spiel wurde auf Seite 83 beschrieben und kann dort nachgelesen werden.
- Die Durchführung dieses Spiels erfordert den Einsatz von Schwimmflossen.
- Als Spielgerät eignet sich nur ein Rundballon, der auf etwa 40 cm Durchmesser aufblasbar ist, und sehr gleichmäßig und langsam fliegt.
- Der Bewegungsraum muß kleingehalten werden.

5.4 Staffelspiele

- Staffelspiele lassen sich auf sehr vielseitige Art und Weise organisieren. Sie können ohne und mit Materialien durchgeführt werden.
- Von jeder Gruppe kann immer nur einer unterwegs sein. Aufgaben lassen sich aber auch so stellen, daß zwei zugleich die Aufgabe lösen müssen. Es ist auch denkbar, Staffelspiele mit Gruppenaufgaben zu versehen.
- Staffeln können als Pendel- oder Umkehrstaffeln angeboten werden, ohne und mit Hindernissen.
- Staffelspiele lassen sich allein durch die Art der Fortbewegung variieren. Die Spielidee ist bekannt (nichts Neues!), und der Aufforderungscharakter bleibt über die Variation für die Kinder erhalten. Unterrichtende sind nicht gezwungen, ständig nach neuen Formen suchen zu müssen.
- Ideen für Staffelspiele können auch von der Gruppe gefunden werden.
- Staffelspiele können in stehtiefem und nicht-stehtiefem Wasser zur Anwendung kommen. In nicht-stehtiefem Wasser ergeben sich weniger Möglichkeiten, und die Spiele sind erheblich anstrengender (konditioneller Gesichtspunkt). Es werden dann Hilfsmittel, wie Schwimmflossen benötigt oder eine fortgeschrittene Leistungsfähigkeit vorausgesetzt, wie das Beherrschen einer Schwimmtechnik.
- Materialien, wie Surf-Boards, Schwimmbretter oder schwimmfähige Matten sind hervorragend geeignet, um in nicht-stehtiefem Wasser auch mit Kindern, die zwar noch keine Schwimmtechnik beherrschen, aber die Tiefwassersituation erfahren haben und sicher beherrschen, Staffelspiele zu organisieren.
- Staffelspiele sind so zu gestalten, daß in kleinen Gruppen (drei bis fünf Spieler je Mannschaft) gespielt wird, und ein Spiel erst nach mehreren Durchgängen beendet ist. Nur dadurch läßt sich Spielintensität sicherstellen.
- Die zu bewältigende Strecke bis zum Wechsel darf nicht zu lang sein, damit sich häufige Wechsel von Be- und Entlastung ergeben.
- Regeln bzw. Gruppeneinteilungen sind möglichst so vorzunehmen, daß leistungsschwache Mitglieder der Gruppe nicht für eine Niederlage verantwortlich gemacht werden können und dadurch schnell in eine Außenseiterrolle geraten. Leistungsschwache Kinder können z. B. unter erleichterten Bedingungen ihre Aufgabe bewältigen; leistungsstarke müssen dagegen mit Aufgaben-Handicaps zurechtkommen.

6 Kunststücke im Wasser

Drehen um verschiedene Körperachsen

Diese Aufgabenstellungen sind als bedeutsam anzusehen für die Orientierung unter Wasser. Sie stellen eine wichtige Voraussetzung dar, wenn später Wenden, insbesondere die Rollwende, erlernt werden sollen. (Beispiele sind in den Kapiteln 8–10 zu finden.)

Kopf-unten-Positionen erleben

- Den Handstand im Wasser erproben.

  Geeignet: ab 6/7 Jahren, wenn „Unter-Wasser-Sein" keine Probleme bereitet.

- Zu zweit „Handstandgehen". Partner A steht im Wasser; Partner B schwingt in den Handstand und hält sich an den Unterschenkeln von A fest.

  A faßt die Unterschenkel von B.

  Beide gehen gemeinsam durchs Wasser.

  Geeignet: ab 9/10 Jahren.

Einfache Formen des Kunstschwimmens erproben

- An der Wasseroberfläche und unter Wasser:
  - Sich durch Paddeln mit Armen und Händen fortbewegen;
  - in Bauch-, Rücken- und Seitlage;
  - in gestreckten und gehockten Positionen;
  - alleine, mit Partner und in der Gruppe.

Diese Aufgaben sind deshalb von besonderer Bedeutung, weil sie dem haptisch-taktilen und kinästhetisch-propriozeptiven Wahrnehmungsbereich ganz wichtige Erfahrungen vermitteln. Solche Wahrnehmungen sind die wichtigste Grundlage für das optimale Lernen von Schwimmtechniken!

(Beispiele finden sich in den Kapiteln 9 und 10).

7 Vom Beckenrand ins Wasser springen („fliegen“)

Springen ins Wasser bereitet Kindern in der Regel viel Freude.

Der hohe Aufforderungscharakter liegt im „Flugerlebnis“. Beim Springen („Fliegen“) wirken auf unser Vestibular(Gleichgewichts)-System sehr intensive Reize ein, die im Netzwerk der Formatio Reticularis verarbeitet werden. In diesem Netzwerk wird ebenfalls Motorik verschaltet und es steht in sehr engen Beziehungen zum Limbischen System (im Theorieteil wurde auf den Seiten 23 und 24 näher darauf eingegangen). ***Dies sind die Gründe, weshalb positive „Flugerlebnisse“ einen so hohen emotionalen Erlebniswert haben.***

Das Springen ins Wasser ist eine sehr komplexe Tätigkeit, die sich aus den Teilbereichen am, über, ins und unter Wasser zusammensetzt:

- Es wird von einem festen Untergrund aus abgesprungen.
- Der Körper muß im „Flug“ kontrolliert werden.
- Der ganze Mensch taucht ins Wasser ein.
- Er muß an die Wasseroberfläche zurückkehren …
- und wieder sicheren Boden erreichen.

Diese Zusammenhänge müssen Unterrichtende kennen, um zu verstehen, weshalb Springen ins Wasser bei Kindern so beliebt ist und ihnen deshalb immer wieder angeboten werden muß.

Springen ins Wasser kann aber auch schon vom Beckenrand aus erhebliche Gefahrensituationen beinhalten, wenn unorganisiert gesprungen wird!

Deshalb dürfen beim Springen als Inhalt des Schwimmunterrichts nur sehr eingeschränkt offene und experimentierende Situationen gestattet werden. Unterrichtende müssen hier „das Heft fest in der Hand“ haben und lehrerzentriert unterrichten. Kinder erhalten klare Regeln, auf deren Einhaltung geachtet wird.

Sie müssen wissen,

- ***von welchem Ort aus sie springen dürfen,***
- ***(wie sie zu springen haben),***
- ***wann sie springen können und***
- ***was sie nach dem Auftauchen tun sollen.***

Springen ins Wasser und die konkreten Inhalte stehen in direktem Zusammenhang zur vorhandenen Wassertiefe!

Wasser muß so tief sein, daß Verletzungsrisiken ausgeschaltet sind.

Kopfwärtig eingetauchte Sprünge vom Beckenrand, ob aus dem Sitzen oder Stehen, bedürfen einer Wassertiefe von mindestens 1,60 Meter, besser noch 1,80 Meter!

An solche Hinweise sollten sich Unterrichtende halten, um Kinder und auch sich selbst zu schützen.

Selbst ***fußwärtige*** *Sprünge* benötigen eine entsprechende Wassertiefe, die jedoch auch von Körpergröße und -gewicht bestimmt wird. Sie sollten immer richtig abgefedert werden. Dieses Abfedern ist Kindern zu vermitteln.

Merke:

Besser in tieferes Wasser springen lassen und bei zu geringer Wassertiefe auf den Inhalt „Springen ins Wasser“ ganz verzichten!

Beim Springen vom Beckenrand sind den Kindern die *folgenden Regeln* zu vermitteln:

- ***Es darf erst dann gesprungen werden, wenn die Wasserfläche am Eintauchort frei ist!***
- ***Bei fußwärtig eingetauchten Sprüngen muß in Richtung Wasser abgesprungen werden!***
- ***Vom Beckenrand aus immer nur aus dem Stand springen!***
- ***Nicht „über Eck“ springen!***
- ***Beim Vorwärtsspringen sich nicht in der Luft um die Längsachse drehen, um mit den Händen an den Beckenrand greifen zu können (besonders bei noch ängstlichen Kindern häufig zu beobachten)!***
- ***Beim Springen rückwärts nicht zum Beckenrand greifen!***
- ***Beim Springen auf Material, z. B. ein Schwimmbrett, muß dieses wenigstens einen Meter vom Beckenrand entfernt auf dem Wasser liegen!***
- ***Nach dem Auftauchen möglichst schnell zum Ausstiegspunkt schwimmen!***

Mit den Füßen zuerst im Wasser landen – vorwärts und rückwärts

Geeignet: ab 4/5 Jahren.

- Mit Zusatzaufgaben:
  - Drehen um die Längsachse.
  - Während des Fliegens Zusatzbewegungen mit Händen und/oder Beinen machen.
- Die „Bombe“ ins Wasser machen. Lösungen selbst finden.
- Hocksprung.
- Zu zweit mit Körperkontakt. Gemeinsam mit dem Partner nach Lösungen suchen.

  Geeignet: ab 6/7 Jahren.

  Gruppensprünge mit Körperkontakt: Jede Gruppe sucht nach eigenen Lösungen. Als Lehrkraft abwägen, ob die gefundenen Möglichkeiten ungefährlich sind.

Gefährlich erscheinende Lösungen verbieten!

Geeignet: ab 7/8 Jahren.

Mutsprünge

- Mit den Händen die Unterschenkel fassen, das Kinn zur Brust nehmen und sich ins Wasser fallen lassen. Die Unterschenkel erst nach dem Eintauchen loslassen. Dabei
  - mit der Körpervorderseite,
  - dem Rücken,
  - oder seitwärts
  - zum Wasser stehen.

  Geeignet: ab 6/7 Jahren.

  Derselbe Sprung kann auch zu zweit gemacht werden. Dabei entfällt die Möglichkeit „seitwärts stehend“.

  Der links Stehende ergreift mit seiner rechten Hand den linken Unterschenkel des rechts stehenden Partners. Mit der linken Hand hält er seinen eigenen linken Unterschenkel fest. Der rechts Stehende faßt mit seiner linken Hand den rechten Unterschenkel seines Partners und mit der rechten Hand seinen eigenen rechten.

  Geeignet: ab 7/8 Jahren.

Beide Mutsprünge – alleine und paarweise – sind erst ab einer Wassertiefe von 1,60 m gefahrlos durchführbar!

- Auf dem Beckenumgang im Langsitz längs der Beckenwand an der Beckenkante sitzen und sich seitwärts ins Wasser fallen lassen.

Die Mindestwassertiefe muß 1,20 m betragen!

Bei älteren Schwimmbecken, deren Beckenumgang höher liegt als die Wasseroberfläche, darf der wassernahe Fuß nicht in die Überlaufrinne gestellt werden (Verletzungsgefahr für Bein und Fuß beim Hängenbleiben)!

Geeignet: ab 5/6 Jahren.

Dieser Mutsprung kann auch als Gruppensprung gemacht werden: Alle sitzen ganz dicht hintereinander. Jeder – ausgenommen der erste – legt seine Hände auf die Schultern seines „Vordermannes“. Der letzte läßt sich seitwärts ins Wasser fallen und löst dadurch eine Kettenreaktion aus. Keiner darf seinen „Vordermann“ loslassen.

Geeignet: ab 7/8 Jahren.

Sprünge mit, über und auf Schwimmbretter

Es sind die Hinweise im Kapitel „Materialien“ des Praxisteils zu Gütekriterien von Schwimmbrettern zu beachten!

- Mit einem oder mehreren festgehaltenen Schwimmbrett(ern) ins Wasser springen und das Brett beim Eintauchen festhalten.

  Wer kann mit möglichst vielen Brettern die Aufgabe bewältigen?

  Geeignet: ab 4/5 Jahren.

- Über das auf dem Wasser liegende Schwimmbrett springen und mit den Füßen zuerst im Wasser landen.

Aus Sicherheitsgründen ist darauf zu achten, daß das Brett wenigstens einen Meter vom Beckenrand entfernt auf dem Wasser liegt!

Dies gilt für die weiteren Sprünge, bei denen auf das Brett gesprungen wird!

Geeignet: ab 5/6 Jahren.

- Das Schwimmbrett nach vorne hochwerfen, springen und versuchen, das Brett im Flug aufzufangen.

  Geeignet: ab 7/8 Jahren.

- Mit den Füßen auf das im Wasser liegende Brett springen.

  Diese Aufgabe ist auch mit mehreren aufeinanderliegenden Brettern machbar.

  Geeignet: ab 5/6 Jahren.

  Nach den ersten Erfahrungen können Kinder versuchen, nach der Landung auf dem oder den Brett(ern) so lange wie möglich stehenzubleiben.

  Geeignet: ab 8/9 Jahren.

- Das Schwimmbrett
  - zwischen den Beinen,
  - hinter dem Gesäß

  festhalten und so ins Wasser springen.

  Geeignet: ab 8/9 Jahren.

- Auf das im Wasser schwimmende Brett springen und
  - mit dem Gesäß,
  - im Reitsitz

  auf ihm landen.

  Geeignet: ab 8/9 Jahren.

Springen mit Bällen

Für diesen Inhalt sollten möglichst verschiedene Ballarten zur Verfügung stehen, wie Bälle aus Kunststoff, langsam fliegende Wasserbälle, Gymnastikbälle, Luftballons, Rundballons, wassergefüllte Luftballons, Tennisbälle, Tischtennisbälle, Schaumstoffbälle.

Kinder sollen über das Erproben und Experimentieren erleben und erkennen, welche Bälle sich für diese Aufgabenstellungen eignen, welche nur für bestimmte Aufgaben brauchbar sind und welche sich überhaupt nicht eignen.

- Den Ball beim Springen und Eintauchen festhalten.

  Geeignet: ab 5/6 Jahren.

  Mit wieviel Bällen gleichzeitig läßt sich diese Aufgabe bewältigen?

  Geeignet: ab 7/8 Jahren.

- Einen Ball nach dem Abspringen im Flug
  - fortwerfen,
  - ihn in Richtung Hallendecke werfen.

  Geeignet: ab 5/6 Jahren.

  - Den Ball wegkicken.

    Geeignet: ab 8/9 Jahren.

- Den Ball vor dem Abspringen nach vorne hochwerfen und ihn im Flug

- fangen,
- fausten,
- köpfen,
- kicken.

Geeignet: ab 8/9 Jahren.

- Den von der Lehrkraft von außen zugeworfenen Ball im Flug
  - fangen,
  - fausten,
  - köpfen,
  - kicken.

Hinweise:

1. ***Auf genügend Sicherheitsabstand zur Beckenwand achten!***
2. ***Das Zuwerfen nicht von Kindern durchführen lassen, weil Gefahren abgeschätzt werden müssen!***

3. Aufgabenstellungen mit dem fliegenden Ball sollten Kinder auch mit dem Brett erfahren dürfen.

Springen mit Pool-Nodles

Springen mit, auf und durch Konstruktionen, die Kinder mit Verbindungselementen gebaut haben, kann die vielfältigsten Möglichkeiten eröffnen. Ein Beispiel zeigt das Bild auf Seite 72.

Die Lehrkraft hat zu überprüfen, ob sie alles gestatten kann oder ob bestimmte Sprünge der Gefahren wegen verboten werden müssen!

Springen mit, in, auf und durch Autoschläuche

Es sei an dieser Stelle nochmals auf die Hinweise auf der Seite 58 hingewiesen, um den gefahrlosen Einsatz von Autoschläuchen zum Inhalt „Springen“ sicherzustellen:

- Ein langes Ventil ist abzudrehen.
- Das ca. 2 cm lange Restventil muß nach Befüllung mit Luft mit stabilem, wasserunlöslichem Klebeband umwickelt werden.

- Fußwärtiges Springen mit dem gehaltenen Schlauch (innen im Schlauch das Kind).

  Geeignet: ab 5/6 Jahren.

- Über den auf dem Wasser schwimmenden Schlauch springen und mit den Füßen zuerst im Wasser landen.

  Jeder erprobt, wie weit der Schlauch vom Beckenrand entfernen sein kann.

  Geeignet: ab 5/6 Jahren.

- Durch einen auf dem Wasser schwimmenden Schlauch mit den Füßen voran ins Wasser springen.

  Da „eng“ durch den Schlauch gesprungen werden muß, vergrößert sich die ***Eintauchtiefe; sie muß mindestens 1,60 m betragen!***

  Geeignet: ab 6/7 Jahren.

- Auf einen auf dem Wasser schwimmenden Schlauch so aufspringen, daß man nach der Landung im Schlauch sitzt. Die Beine hängen dann über den Schlauchrand und die Arme liegen rechts und links auf dem Schlauch.

Es ist darauf zu achten, daß der Schlauch so liegt, daß sich das Ventil auf der entfernteren Seite (vom Springenden aus gesehen) befindet!

Geeignet: ab 7/8 Jahren.

- Versuchen, so mit den Füßen auf den Schlauch zu springen, daß in Grätschstellung (linker Fuß auf dem linken Schlauchteil und rechter Fuß auf dem rechten Schlauchteil) gelandet wird.

Hinweise:

1. ***Bei diesem Sprung muß der Schlauch wenigstens einen Meter von der Absprungstelle entfernt sein!***

   Sollte ein Kind nach der Landung rückwärts fallen, dient dieser Sicherheitsabstand als „Puffer“!

2. ***Um den schwimmenden Schlauch darf sich in einem Umkreis von etwa vier Metern niemand aufhalten, weil man nach der Landung fast immer ins Wasser fällt!***

Geeignet: ab 9/10 Jahren.

- So auf den Schlauch springen, daß man nach der Landung im Reitsitz auf einer Schlauchseite kurzzeitig sitzt.

  Weil der Schwerpunkt auf einer Schlauchseite liegt, fallen die Kinder fast immer seitwärts ins Wasser.

Es ist darauf zu achten, daß der Schlauch so im Wasser liegt, daß das Ventil (vom Springenden aus gesehen) nach vorne oder hinten zeigt!

Geeignet: ab 7/8 Jahren.

- Zu zweit – mit oder ohne Handfassung – so auf den Schlauch springen, daß der eine auf dem linken Schlauchteil, der andere auf dem rechten im Reitsitz landet. Nach der Landung versuchen, gemeinsam das Gleichgewicht zu erhalten.

  Geeignet: ab 9/10 Jahren.

Kopfwärtiges Eintauchen lernen

Für kopfwärtiges Eintauchen muß eine Mindestwassertiefe von 1,60 – besser 1,80 m – vorhanden sein!

Darauf wurde bereits eingangs hingewiesen.

Die Ausgangsposition befindet sich zunächst nahe der Wasseroberfläche und erhöht sich mit dem Lernfortschritt.

- Auf einem Schwimmbrett knien, das ca. 1/3 über den Beckenrand hinausragt und dem Schutz der Unterschenkel dient. Sich kopfwärts ins Wasser fallen lassen.

  Geeignet: ab 5/6 Jahren.

- Kopfwärtiges Eintauchen aus dem Sitz; dabei mit den Füßen in der Überlaufrinne stehen.

  Dieser Aufgabe ist nur sinnvolll durchführbar, wenn der Beckenumgang höher liegt als die Wasseroberfläche.

Geeignet: ab 7/8 Jahren.

- Aus tiefer Hocke bei weit geöffneten Beinen. Durch die geöffneten Beine „hindurch“ kopfwärts ins Wasser eintauchen.

  Geeignet: ab 8/9 Jahren.

- Aus dem Stand.

  Geeignet: ab 8/9 Jahren.

Hinweise:

1. Bei allen zuvor beschriebenen Aufgabenstellungen sind die Arme nach vorne gestreckt, der Daumen der einen Hand wird von der anderen festgehalten und die Oberarme berühren die Ohren.
2. Aus den Ausgangspositionen Sitz, Hocke und Stand können zwei Sprungformen entwickelt werden:
   - Kopfwärtiges Eintauchen führt in Richtung ***Wasserspringen.*** Dabei liegt der Eintauchpunkt nahe dem Absprungpunkt, und das Eintauchen erfolgt steil ins Wasser.

     Der Kopf befindet sich zwischen den Oberarmen. Es wird versucht, zum Beckenboden durchzutauchen. Dabei müssen Arme und Hände vollkommen gestreckt bleiben. Die Muskulatur ist angespannt, um bei Bodenkontakt mit den Händen den Schwung sicher abfangen zu können. Bei den Ausgangsstellungen Hocke und Stand stehen die Füße ganz auf dem Beckenumgang.

Die Mindestwassertiefe muß 1,80 m betragen; noch tieferes Wasser ist besser!

Bei einer Wassertiefe von mehr als 1,80 m müssen die Kinder den Druckausgleich anwenden können!

   - Kopfwärtiges Eintauchen führt in Richtung ***Startsprung:*** Eintauch- und Absprungpunkt liegen so weit wie möglich voneinander entfernt.

     Der Blick ist über die Arme und Hände hinweg zur Wasseroberfläche gerichtet und fixiert einen Punkt auf dem Wasser, der relativ weit vom Absprungpunkt enfernt ist. Das Eintauchen muß in flachem Winkel erfolgen. Bei den Ausgangsstellungen Hocke und Stand greifen die Zehen um die Beckenkante, um sicheres Abstoßen zu gewährleisten.

     Die Kinder müssen unbedingt lernen, nach dem Eintauchen ins Wasser die Arme gestreckt vor dem Kopf zu belassen und so weit wie möglich bei voller Körperspannung zu gleiten. Dies ist notwendig, wenn später aus dem Gleiten der Übergang in eine Schwimmtechnik, die in Bauchlage geschwommen wird, erfolgen soll.

     Wird kopfwärtiges Eintauchen in Richtung Startsprung gelenkt, müssen die Kinder bereit sein, hinzunehmen, daß durch das flache Eintauchen der Brustbereich anfangs schmerzt. Hier kann ein

T-Shirt Abhilfe bringen, das den härteren Aufprall mindert.

Später müssen sie lernen, durch Senken des Kopfes (= Kinn zur Brust nehmen) kurz vor dem Eintauchen diesen härteren Aufprall zu mindern.

Schwingen am Tau und sich ins Wasser fallen lassen

Wer die Möglichkeit hat, im Bad über dem Wasser ein Tau so anzubringen, daß vom Beckenrand aus geschwungen werden kann, schafft für Kinder eine äußerst attraktive Situation zum Schwingen über dem Wasser mit anschließendem sich ins Wasser fallen lassen.

Wer es schafft, kann vom Wasser aus auch am Tau hochklettern und sich aus größerer Höhe ins Wasser fallen lassen.

Das Tau darf nur über Wasser angebracht sein, das mindestens 1,80 Meter tief ist!

Je nach lichter Raumhöhe und Wassertiefe ist gegebenenfalls aus Sicherheitsgründen eine Markierung am Tau anzubringen, die nicht überklettert werden darf!

Es sind aus Sicherheitsgründen unbedingt folgende Punkte zu beachten:

- ***Es darf nur ein Tau vorhanden sein, damit für die Lehrkraft die Situation überschaubar bleibt!***
- ***Beim Schwingen und Klettern dürfen sich im Aktionsbereich des Taus keine weiteren Personen aufhalten!***
- ***Das Tau darf nur so lang sein, daß im Umkehrpunkt der Abstand zum gegenüberliegenden Beckenrand groß genug ist!***
- ***Die Kinder müssen wissen, daß sie nur beim Vorschwung das Tau loslassen dürfen!***
- ***Die Lehrkraft steht grundsätzlich am Ort des Abschwingens!***

8 Der Erfahrungs- und Lernbereich Tauchen

Unter der Wasseroberfläche sein und sich unter der Wasseroberfläche bewegen ist für Kinder ein wichtiger Erlebens-, Erfahrungs- und Lernbereich.

Diese Erlebnisse sind für Kinder eindrucksvoll und fordern dazu heraus, sie ständig zu wiederholen.

Unter dieser Sichtweise reicht es für Unterrichtende zunächst aus, das Element Wasser und Materialien zur Verfügung zu stellen (vorbereitete Umgebung).

Damit verbunden sind für sie folgende Aufgaben:

- ***Das Tun des einzelnen Kindes beobachten und gefährliche Situationen unterbinden.***
- ***Demjenigen Hilfe geben, der sie anfordert und benötigt.***

Merke:

Sich unter Wasser bewegen können und wollen kennzeichnet Sicherheit im und dem Wasser gegenüber!

Jedes Kind, das freiwillig und gern unter Wasser geht, hat mit dem Wasser keine Probleme!

Unterrichtende können durch Beobachten das Niveau des einzelnen Kindes bezüglich seiner Wassersicherheit erkennen.

Die Bedeutung des Unterwasserseins für die Sicherheit im Wasser läßt folgende Aussage zu:

Kinder müssen

- ***so früh wie möglich und***
- ***möglichst regelmäßig***

viel Gelegenheit zum Tun unter Wasser erhalten!

Das Gesicht im Wasser haben und dabei

- intensiv gegen den Wasserdruck ausatmen können („Blasen blubbern") sowie
- ausatmen ins Wasser und einatmen über Wasser miteinander verbinden können,

sind ***ganz wichtige Grundlagen zum sicheren Lernen von Schwimmtechniken*** (auch für Rückenschwimmen) und für ihre Anwendung beim Schwimmen über längere Strecken.

Wer dies nicht beherrscht, wird kein guter und sicherer Schwimmer!

Brustschwimmen mit ständig über Wasser gehaltenem Gesicht ist kein richtiges Brustschwimmen und zudem aus orthopädischer Sicht fragwürdig (gänzlich ungeeignet zur Gesundheitsprophylaxe). Auf diese Art darf es Kindern erst gar nicht vermittelt werden!

Gegen den Wasserdruck ausatmen zu müssen aktiviert die gesamte Atemmuskulatur. Unter präventiver Sichtweise, ohne Sinnrichtung Schwimmtechniken, sollte dieses Atemverhalten Bestandteil der Wassergymnastik sein.

Wie Kinder, die keine Angst dem Wasser gegenüber haben, zum sicheren und gekonnten Atemverhalten kommen können.

1. ***Sich ohne Vorgaben, in offenen Unterrichtssituationen, unter der Wasseroberfläche bewegen.***

   ↓

2. ***Gestellte Bewegungsaufgaben unter Wasser lösen***

   und

3. ***ins nicht-stehtiefe Wasser springen.***

   Dies ist immer mit Untertauchen verbunden.

   ↓

4. ***Durch Ausatmen unter Wasser („Blasen blubbern") erleben, erfahren und erkennen, daß der eigene Körper ohne Bewegungen absinkt.***

   ↓

5. ***Ausatmen unter Wasser und danach einmaliges Einatmen über Wasser rhythmisch verbinden lernen.***

Wie Kinder, die Hemmungen oder Angst dem Wasser gegenüber haben, möglicherweise zum Tun unter der Wasseroberfläche und zum sicheren und gekonnten Atemverhalten kommen können:

1. ***Frühzeitig Gelegenheit erhalten zum Aufenthalt im nichtstehtiefen Wasser, ohne eine Schwimmtechnik zu können.***

   Geeignete Hilfsmittel verwenden, die bei Lernfort schritten abgebaut werden (ausführliche Hinweise hierzu können im Theorieteil, Seiten 27, 29, 33 nachgelesen werden).

   ↓

2. ***Springen ins nicht-stehtiefe Wasser, anfangs u. U. mit Schwimmflossen.***

   ↓

3. ***Ab hier derselbe Weg wie er in der linken Spalte beschrieben ist.***

Dieser Weg ist nicht einfach und benötigt viel Zeit und Einfühlungsvermögen dem Kind gegenüber. Er muß jedoch gegangen werden, wenn diese Kinder sicher im Umgang mit Wasser werden sollen, damit sie sich in diesem Element wohlfühlen.

Ausatmen unter Wasser und „Sinkerlebnisse“ machen

- „Blasen blubbern“ ins Wasser.

  Anfangs nur mit dem Mund, dann mit Mund und Nase, schließlich mit dem ganzen Gesicht im Wasser. Das Wasser möglichst lange und intensiv „kochen“ lassen.

  Geeignet: ab 4/5 Jahren.

- Sich an einem festen Gegenstand, z. B.
  - Ausstiegsleitern;
  - senkrecht stehenden, von Mitschülern gehaltenen Besenstielen, Stäben, Leerrohren aus Kunststoff;
  - oder am Bein eines Partners

  mit den Händen zum Beckenboden hangeln und dabei „Blasen blubbern“.

  Später Zusatzaufgaben bewältigen, z. B.:
  - So lange wie möglich auf dem Beckenboden liegenbleiben.
  - nach Erreichen des Beckenbodens durch die gegrätschten Beine des Partners hindurchtauchen.
  - Einen, später mehrere in Reichweite am Boden liegende(n) Tauchgegenstand(-stände) mit heraufbringen.

    Wird diese Aufgabe zu zweit durchgeführt, dann läßt ein Schüler später den bzw. die Tauchgegenstand(-stände) erst fallen, wenn sein tauchender Partner auf dem Weg nach unten ist. Somit wird dieser gezwungen, während des Tauchens die Augen zu öffnen.

  Bei Aufgaben zum Abtauchen ist darauf zu achten, daß nur Arme und Hände zum Abwärtshangeln benutzt werden und keine Beinbewegungen erfolgen.

  Die Kinder sind darauf hinzuweisen, daß sie während des Tauchens intensiv „Blasen blubbern“ müssen.

  Geeignet: ab 7/8 Jahren.

- Als „Kapitän“ in „Unterseeboote“ (= große Wannen) sitzen, die auf dem Beckenboden stehen und möglichst lang darin sitzenbleiben.

  Geeignet: ab 9/10 Jahren.

- „Tunneltauchen“: Zwei bis sechs/sieben Kinder (je nach Leistungsfähigkeit) stehen mit gegrätschten Beinen dicht hintereinander. Der letzte taucht durch den Tunnel und stellt sich vorne an.

  Möglichkeiten zur Tunneldurchquerung sind:
  - In Bauchlage; Kopf voraus.
  - In Bauchlage; Füße voraus.
  - In Rückenlage; Füße voraus.

    Dabei ist auf zusätzliches Ausatmen durch die Nase hinzuweisen.
  - In Rückenlage; Kopf voraus.

    Dabei ist auf zusätzliches Ausatmen durch die Nase hinzuweisen.

  Geeignet: ab 5/6 Jahren. Zu Beginn genügt eine Person als „Tunnel“. Diese sollte möglichst eine den Kindern vertraute Bezugsperson sein.

  Mit zunehmendem Alter und Könnensstand wird der „Tunnel“ länger.

Bei dieser Aufgabe muß in der Regel dem Könnensstand angepaßt differenziert werden, d. h. es gibt mehrere Tunnels unterschiedlicher Gruppengröße.

- Ausgangsposition „Hockqualle/ Hockschwebe“.

  Sie wird im Praxisteil in Kapitel 9 beschrieben und muß von den Kindern beherrscht werden.

  Die Kinder haben die Aufgabe, durch intensives „Blasen blubbern“ ohne Arm- und Beinbewegungen zum Beckenboden abzusinken.

  Anfangs gibt es zwei Möglichkeiten, Kindern eine Hilfestellung anzubieten:

  1. Sie halten einen schweren (5 kg) Tauchring in ihren Händen, der sie durch sein Gewicht zum Beckenboden zieht. Zum Auftauchen lassen sie den Ring los.
  2. Ein Partner erleichtert die Aufgabe: Er drückt den Übenden am Rücken nach unten und läßt ihn los.

  Durch diese Fremdhilfen wird der erste, schwierige Teil des Absinkens in der Anfangsphase erleichtert.

  Geeignet: ab 8/9 Jahren.

- Aus ruhiger, gestreckter Bauchlage nur durch „Blasen blubbern“ zum Beckenboden absinken.

  Anfängliche Hilfen sind identisch jenen, die bei der zuvor beschriebenen Aufgabe eingesetzt werden können.

  Geeignet: ab 8/9 Jahren.

Absinken durch „Blasen blubbern“ in den Positionen „Hockschwebe/ -qualle“ und gestreckte Bauchlage müssen Kinder im Grundschulalter ab Klassenstufe drei in einer Wassertiefe von ca. 1,20 m beherrschen!

Bei regelmäßigem und intensivem Üben können Neun- und Zehnjährige den Beckenboden bei 1,80 m Wassertiefe erreichen!

Rhythmisches Verbinden von Ausatmen unter der Wasseroberfläche und jeweils einmaligem Einatmen über Wasser

Je nach Art des Schwimmbeckens sind für die Aufgabenstellungen folgende Ausgangspositionen möglich:

- Sich im Stehen, im Knien oder in der Senkrechten an der Überlaufrinne festhalten.
- Stützen mit den Händen an der Treppe in Bauchlage.
- Stützen in Bauchlage in 30 cm Wassertiefe (bei Hubboden).
- Hüpfen am Ort und dabei im Wechsel riesengroß mit zwergenklein (= untertauchen) verbinden.

Die Kinder müssen lernen, über Wasser nur einmal einzuatmen und danach sofort wieder das Gesicht ins Wasser zu nehmen! Sie sollen weiterhin lernen, daß das Ausatmen ins Wasser länger dauert als das einmalige Einatmen über Wasser!

Hinweis für Unterrichtende:

Das zeitliche Verhältnis von Ausatmen und Einatmen sollte im Verhältnis von etwa 4 : 1 stehen.

Ziel muß es sein, durch häufiges Üben die Kinder in die Lage zu versetzen, zehnmal ohne Unterbrechung dieses rhythmische Verbinden von Aus- und Einatmen problemlos zu beherrschen!

- „Riesengroß" und „zwergenklein" läßt sich sehr gut in nicht-stehtiefem Wasser (optimale Wassertiefe ca. 1 Meter mehr als Körpergröße) als Tauchhüpfen am Ort durchführen.

  Später wird Tauchhüpfen mit der Vorwärtsbewegung, die durch Abstoßen vom Beckenboden erreicht wird, verbunden.

Hinweis:

Aufgaben zum rhythmischen Verbinden von Ausatmen unter Wasser und einmaligem Einatmen über Wasser müssen auch immer wieder in Verbindung mit Teilbewegungen von Schwimmtechniken gestellt werden, wenn diese unter dem Gesichtspunkt der Festigung von Bewegungsabläufen geübt werden. Nach dem Erreichen des Ziels, z. B. der Beckenwand, muß dieses rhythmische Atmen zehnmal hintereinander gemacht werden. Danach wird die nächste Wiederholung geschwommen. Somit wird das Atemverhalten im Wasser verbessert und erreicht ein immer höheres Leistungsniveau.

Solche Aufgaben dienen zugleich als aktive Pause.

Geeignet: Diese Aufgaben sollten erst ab 8 Jahren angeboten werden.

9 Der Erfahrungs- und Lernbereich „Statischer Auftrieb“: Schweben/Liegen/Auftreiben im Wasser

Statischer Auftrieb ist erfahrbar

- ***mit Partner(n);***
- ***mit Geräten, wie z. B. Schwimmsprosse, Schwimmbrett, Pull-Buoy, Ball;***
- ***ohne Geräte;***
- ***in unterschiedlichen Körperpositionen, wie z. B. „Hockschwebe/Hockqualle“; in Bauch- und Rückenlage;***
- ***mit veränderten Stellungen der Extremitäten bezogen auf den Rumpf.***

Durch das Wirken des statischen Auftriebs am eigenen Körper und der Beobachtung bei anderen sollen Kinder erleben, erfahren und erkennen, daß bestimmte Körperpositionen sehr gut, andere weniger und weitere ungeeignet sind für bewegungsloses Liegen an der Wasseroberfläche.

Dabei ist es auch für einige Kinder wichtig zur Einsicht zu kommen, ***daß dieses Liegen nur bei angehaltener bzw. eingeschränkter Atmung erfolgreich ist.*** Hier spielen Körperbaumerkmale eine Rolle, die ruhiges Liegen im Wasser beeinflussen.

Kinder sollten auch lernen, daß diese Situation für den Notfall eine ***Überlebenstechnik*** sein kann.

Beim Absinken durch Ausatmen (vgl., Kapitel 8 im Praxisteil) lernen sie Gegensätzliches: Ihr Körper wird durch Ausatmen „schwer“ und sinkt zum Beckenboden.

Vielseitige Erfahrungen im Liegen an der Wasseroberfläche geben Kindern weitere Sicherheit und Vertrauen dem Wasser gegenüber!

Sie müssen deshalb immer wieder Aufgaben zum statischen Auftrieb erhalten.

Hinweise:

1. Bedingt ***durch Körperbaumerkmale,*** die die Lage des Körperschwerpunkts und Volumenmittelpunkts in bezug zueinander bestimmen, ***können nicht alle Positionen von jedem Kind beibehalten werden.***
   a) Die Position ***„Hockqualle/Hockschwebe“ ermöglicht allen Kindern, an der Wasseroberfläche zu liegen.***
   b) In ***gestreckter Bauch- und Rückenlage gelingt dies nicht allen:*** Die Beine können absinken und der Körper in Schräglage geraten (Drehung um die Körperquerachse).

Die Ursache liegt darin begründet, daß die mehr in kopfwärtiger Richtung, im sog. Volumenmittelpunkt (VMP), angreifende Auftriebskraft (Kraftwirkung Richtung Wasseroberfläche) und die mehr in fußwärtiger Richtung, im sog. Körperschwerpunkt (KSP), angreifende Schwerkraft (Kraftwirkung Richtung Beckenboden) ein auf den Körper wirkendes Drehmoment erzeugen. Je größer der Abstand beider Punkte zueinander ist, desto stärker wirkt dieses Drehmoment. Folge ist das schnellere Absinken der Beine und die ausgeprägtere Schräglage. Im ungünstigsten Fall wird die Senkrechte erreicht.

Fallen dagegen VMP und KSP zusammen (ein und derselbe „Angriffs“-Punkt), bleibt der Körper waagrecht im Wasser liegen.

Die Beobachtung aller Kinder einer Gruppe beim ruhigen Liegen in gestreckter Bauchlage mit Gesicht im Wasser und angehaltener Atmung verdeutlicht in der Regel das vorhandene Spektrum.

2. ***Die Rückenlage ist für ruhiges Liegen im Wasser in der Regel ungünstiger als die Bauchlage!***

3. ***Das Körperverhalten beim Liegen kann nicht ohne Konsequenzen bleiben für die Ausführung von Schwimmtechniken!***

Das Wissen um diese Sachverhalte ist für Unterrichtende wichtig. An diesen physikalischen Tatsachen läßt sich so gut wie nichts ändern!

4. ***Die Mehrzahl der nachfolgend beschriebenen Aufgaben lassen sich sowohl in stehtiefem als auch in nicht-stehtiefem Wasser durchführen!***

Liegen im Wasser mit Partnerhilfe

- Kreisaufstellung in Handfassung: Jedes zweite Kind legt sich auf den Rücken.

Hinweise:

- Die Ohren der Liegenden befinden sich im Wasser. Alle schauen zur Decke und zeigen ihren Bauch/Badehose.
- Die Stehenden achten darauf, daß sie die gehaltenen Hände und Arme des rechten und linken Nachbarn im Wasser lassen.
- Die Lehrkraft ist bei Bedarf mit im Wasser und im Kreis dabei. Sie kann ängstliche Kinder, die Körperkontakt und die unmittelbare Nähe einer Bezugsperson brauchen, an den Hände nehmen.

  Die Lehrkraft muß dann aber durch organisatorische Maßnahmen sicherstellen, daß die Sicherheit aller Kinder gewährleistet ist!

Gelingt das Liegen, wird der Kreis von den Stehenden gedreht. Diese Drehbewegung erzeugt dynamischen Auftrieb, der das Liegen erleichtert.

Später können die Liegenden die Zusatzaufgabe erhalten, mit ihren Beinen und Füßen zu „strampeln“, ohne dabei ins Wasser zu „sitzen“ (= Hüfte tief).

Sich mit Hilfsmitteln aufs Wasser legen

Schwimmsprosse

Hinweis:

Für diesen Erfahrungsbereich darf die Sprosse nur den Kindern gegeben werden, die anfangs mit dem Schwimmbrett überfordert sind.

- In Bauchlage kann man sich über die Schwimmsprosse hängen. Dies ist die einfachste und sicherste Art.

  Im nächsten Schritt wird sie bei gestreckten Armen mit den Händen festgehalten.
- In Rückenlage kann die Sprosse unter dem Nacken liegen. Sie wird mit beiden Händen festgehalten. Es ist aber auch möglich, sie auf dem Bauch mit den Händen festzuhalten.

Schwimmbrett

Mit dem Brett erfolgt für die meisten Kinder der Einstieg in diesen Erlebens- und Lernbereich.

Ziel ist es, ohne Hilfsmittel auf dem Wasser liegen zu können!

Die Hinzunahme von Pull-Buoy und Ball erschwert später das „Spiel mit dem Gleichgewicht“. Dabei handelt es sich um koordinationsfördernde Aufgabenstellungen.

Aufgabenstellungen

Mit dem Schwimmbrett

- In Rückenlage das Schwimmbrett mit beiden Händen vor dem Bauch festhalten und den Bauch fest dagegendrücken.

  Hinweise:

  Die Ohren sind im Wasser.

  In fußwärtiger Richtung zur Decke schauen.

  Geeignet: ab 5/6 Jahren, wenn keine Angst vor der Rückenlage vorhanden ist!
- Mit dem Bauch auf dem Brett liegen. Die Arme sind nach vorne gestreckt, Arme und Hände befinden sich vollständig im Wasser.

  Hinweise:
  - Das Gesicht muß im Wasser sein, weil dadurch das Brett besser unter dem Körper bleibt und keine zusätzliche Lordosierung der Halswirbelsäule entsteht.
  - Beine und Arme grätschen.
  - Beine und Arme geschlossen halten.

  Geeignet: ab 7/8 Jahren.
- Mit dem Rücken auf das längsliegende Schwimmbrett liegen.

  Hinweise:
  - Die Ohren befinden sich im Wasser.
  - In fußwärtiger Richtung zur Decke schauen.
  - Arme und Hände sind vollständig im Wasser, um größtmöglichen statischen Auftrieb sicherzustellen.

  Veränderungen:
  - Arme und Hände liegen neben dem Körper.
  - Die Arme sind nach hinten gestreckt.

- Beine grätschen; Arme seitwärts halten.
- Beine schließen; Arme an den Körper legen.

Geeignet: ab 7/8 Jahren.

Ohne Materialien

- „Hockschwebe/Hockqualle“: Der Körper wird klein und rund gemacht.

  Hinweise:
  - Der Rücken ist rund.
  - Die Beine werden vor dem Körper gebeugt.
  - Die Hände umfassen die Unterschenkel unterhalb der Knie.
  - Das Kinn berührt die Brust.
  - Die Luft soll so lang wie möglich angehalten werden.

  Anfangs kann ein Partner Hilfestellung geben: Er hält den Liegenden von vorne an dessen Schultern und verhindert somit Schaukelbewegungen um die Körperquerachse, die beim Einnehmen dieser Position immer auftreten.

Abb. 33: 6- und 7jährige Kinder in der Position „Hockschwebe“.

- Die „Hockschwebe“ ohne Hilfe einnehmen und möglichst lange halten.
- Paarweise: Einer nimmt die „Hockschwebe“ ein und hält so lange wie möglich die Luft an.

  Sein Partner
  - drückt ihn unter Wasser, läßt ihn los und beobachtet, was mit ihm geschieht.

  Der Liegende soll an sich wahrnehmen, was mit ihm passiert.

  Hinweis:

  Der Unter-Wasser-Gedrückte kommt nach dem Loslassen immer wieder an die Wasseroberfläche zurück. Kinder erleben durch diese Aufgabe ganz intensiv den Auftrieb des Wassers und manche können durch diese Erkenntnis ihre „Wassersicherheit“ erhöhen.
  - Der in „Hockschwebe“ Liegende wird vom Partner nach rechts und links gekippt.
  - Der in „Hockschwebe“ Liegende wird vom Partner um die Körperquerachse (nach vorne und hinten) gekippt und irgendwann losgelassen.

  Geeignet: Werden diese Partneraufgaben von Kindern gemacht, so sollten sie erst ab einem Alter von 9/10 Jahren angeboten werden, weil partnerschaftliches Verhalten gefordert ist.

- Die „Hockschwebe“ wird mit Zusatzaufgaben gekoppelt, wie z. B.:
  - sich um die Körperlängsachse drehen (kreiseln);
  - sich zur Seite kippen lassen und

versuchen, sich wieder aufzurichten. Dies nach links rechts erproben.
- Rollen um die Körperquerachse (Purzelbäume rückwärts und vorwärts machen).

Bei diesen Aufgaben sollen die Kinder selbst herausfinden, was sie tun müssen, um die gestellte Bewegungsaufgabe lösen zu können.

- Die „Hockschwebe“ in Rückenlage einnehmen und erfahren, was geschieht.

Hinweis:

Dies ist eine instabile Position: Der Körper dreht immer in die Bauchlage. Die Rückenlage kann nur durch unterstützende Armbewegungen beibehalten werden. Diese Erfahrung machen alle Kinder.

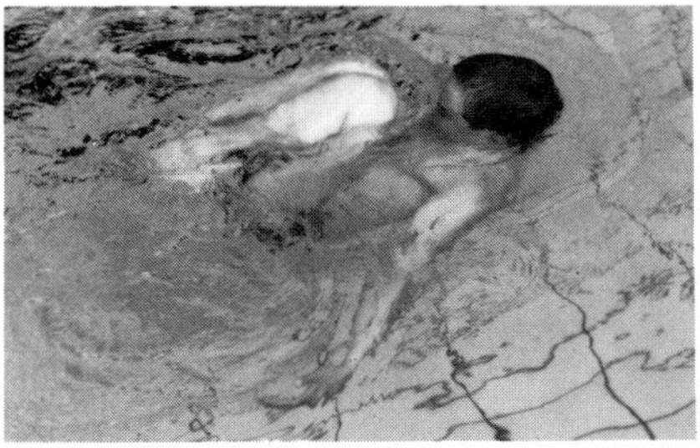

Abb. 35: Der 8jährige Junge kann durch Armbewegungen sicherstellen, daß er die „Hockschwebe“ in Rückenlage erhalten kann.

- Die „Hockschwebe“ in Rückenlage einnehmen und durch Armbewegungen vorwärts und rückwärts schwimmen.

  Jeder sucht nach eigenen Lösungen.
- Die „Hockschwebe“ in Rückenlage einnehmen und kreiseln.

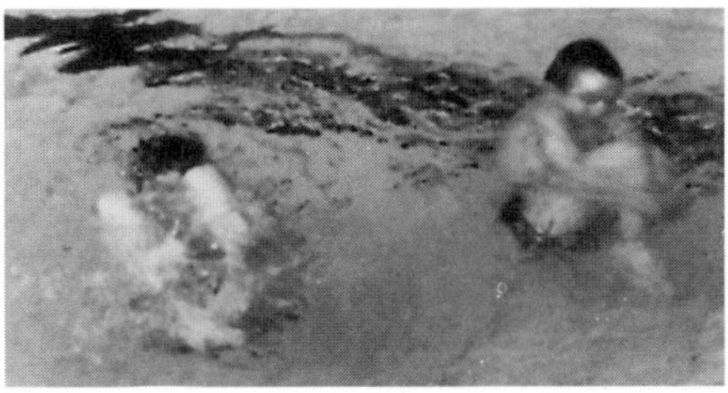

Abb. 34: Zwei 8- und 9jährige Jungen in der „Hockschwebe“ in Rückenlage. Sie sollen erleben, was das Wasser mit ihnen macht.

- Die Aufgabe lautet: „Wie könnt ihr in der „Hockschwebe“ in Rückenlage bleiben?

  Die Kinder sollen selbst experimentieren.

Hinweis:

Die Bewältigung der Aufgabe gelingt nur durch unterstützende Armbewegungen.

- In gestreckter Bauchlage auf dem Wasser liegen.

  Individuell unterschiedliche Körperbaumerkmale verhindern, daß jedes Kind in der Lage ist, waagrecht auf dem Wasser liegen zu können.

  Es gibt Kinder, bei denen die Beine absinken und deren Körper in Schräglage gerät, die unterschiedlich ausfallen kann.

Hinweise:
- Gesicht, Arme und Hände befinden sich im Wasser.
- Die Arme sind nach vorne gestreckt.
- Arme und Beine sind gegrätscht.

  Dies bewirkt eine kippstabile Lage im Wasser.

Veränderung:

Die Arme und Beine schließen und dabei Wirkungen wahrnehmen.

Geeignet: ab 6/7 Jahren.

- Beim Liegen in Bauchlage die Wirkungen von Veränderungen der Stellung von Extremitäten zum Körper erleben, wie z. B.:
  - Wie ändert sich das Körperverhalten, wenn die Arme dicht neben dem Körper sind, liegen?
  - Was geschieht mit dem Körper, wenn sich die Arme neben dem Körper befinden und das Gesicht außerhalb des Wassers ist?

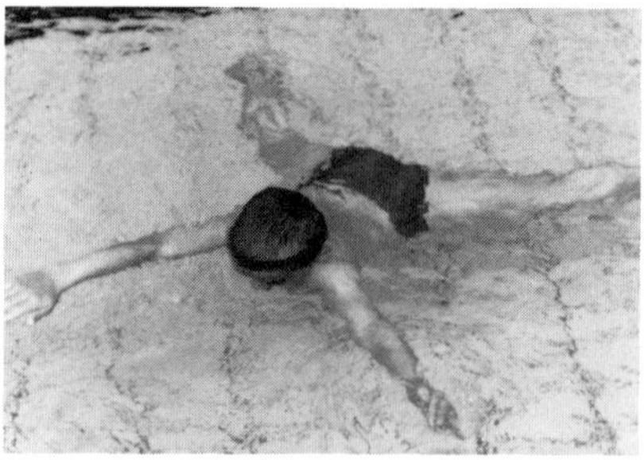

Abb. 36: Liegen im Wasser in gestreckter Bauchlage mit gegrätschten Armen und Beinen bei angehaltener Atmung.

- In gestreckter Rückenlage auf dem Wasser liegen.

Hinweise:
- Ohren, Arme und Hände sind im Wasser.
- Es wird in fußwärtiger Richtung zur Decke geschaut.
- Die Arme werden nach hinten gestreckt.
- Arme und Beine sind gegrätscht, um die Position zu stabilisieren.
- Die Kinder erhalten den Hinweis: „Zeigt eure(n) Badehose/Bauch.“

Veränderungen:
- Die Arme liegen neben dem Körper im Wasser.
- Die Arme sind lang nach hinten gestreckt; Arme und Beine geschlossen.
- Es wird ein Arm aus dem Wasser genommen.

  Die Kinder erhalten den Hinweis, ihre Hand außerhalb des Wassers zu sehen.

Abb. 37: Ruhiges Liegen in gestreckter Rückenlage bei gegrätschten Armen und Beinen.

- Beide Arme werden ganz aus dem Wasser genommen.

  Die Kinder erhalten den Hinweis, ihre Hände außerhalb des Wassers zu sehen.

Bekanntes verbinden

wie z. B.:

- Kurzzeitig in Bauchlage liegen und dann in die Rückenlage drehen. Danach wieder zurück in die Bauchlage.

  Die Kinder sollen selbst nach Lösungen suchen.

  Geeignet: ab 7/8 Jahren.

- Aus der „Hockschwebe" in die gestreckte Bauchlage kommen und wieder zurück zur „Hockschwebe".

  In jeder Position einige Sekunden verharren. Die Positionen mehrfach wechseln.

  Die Kinder sollen erfahren und erkennen, welche Wirkungen auf das Körperverhalten bei veränderter Armstellung in Bauchlage eintreten, wenn z. B.:

  - die Arme neben dem Körper liegen;
  - die Arme nach vorne gestreckt werden.

  Geeignet: ab 8/9 Jahren.

- Aus der „Hockschwebe" in die Rückenlage und zurück zur „Hockschwebe".

  In jeder Position einige Sekunden verharren. Die Positionen mehrfach wechseln.

  Die Kinder sollen die Wirkungen veränderter Armstellungen auf das Körperverhalten im Wasser erleben und erkennen, wie z. B.:

  - Arme neben dem Körper;
  - Arme gestreckt hinter dem Kopf; Hände im Wasser.

- „Hockschwebe", Bauchlage und Rückenlage miteinander verbinden.
- Alleine und mit Partner(n) nach möglichen Verbindungen der gelernten Körperpositionen suchen.

Rotation erzeugen

Solche Aufgaben sollen Kindern bewußt machen, welche Wirkungen am eigenen Körper im Wasser erzielt werden können, wenn Körperteile in ihrer Lage zum Körper verändert werden. Diese Erfahrungen sind wichtig, um Körperpositionen im Wasser wechseln zu können.

Beispiele:

- Wie kommt man aus der liegenden Position in die Senkrechte?

  Gelten für die Rückenlage dieselben Prinzipien wie für die Bauchlage oder sind Unterschiede vorhanden?

- Wie kommt man aus dem Stand in die Rückenlage bzw. Bauchlage?
- Wie gelangt man aus der Bauch- in die Rückenlage und umgekehrt?
- Was geschieht, wenn in Rückenlage
  - ein Arm/beide Arme aus dem Wasser gehoben werden?
  - die Beine überkreuzt werden?
- ein Arm über den Körper zur anderen Seite geführt wird?

10 Der Erfahrungs- und Lernbereich „Dynamischer Auftrieb“ – Gleiten an und unter der Wasseroberfläche

Ein wichtiger Erlebnis-, Erfahrungs- und Erkenntnisbereich im Wasser ist der dynamische Auftrieb, das Gleiten!

- Kinder lernen, daß sie durch einen einmaligen, auf den Körper wirkenden Kraftimpuls ohne unterstützende Eigenbewegungen eine Strecke im Wasser zurücklegen können.
- Sie erleben und erkennen, daß die Distanz der zurückgelegten Strecke abhängig ist
  - vom Kraftimpuls;
  - von der Eintauchtiefe;
  - von der Körperlage im Wasser;
  - von den Stellungen der Extremitäten zum Rumpf;
  - von der Körperspannung.

Es ist festzuhalten: ...

... Gleiten muß vielseitig vermittelt werden!

Schon mit Beginn dieses Lernbereichs müssen Bauch- und Rückenlage möglichst parallel erfahren werden.

Nur bei noch gehemmten Kindern wird anfangs auf die Rückenlage verzichtet!

Nicht gutzuheißen ist, wenn Gleiten nur auf die Bauchlage beschränkt wird, weil Unterrichtende als erste sportartbezogene Erfahrung eine in Bauchlage geschwommene Schwimmtechnik vermitteln möchten. Dies würde Gleiten zu einseitig machen und das Wissen um motorische Lernprozesse außer acht lassen!

Kinder sollen weiterhin erfahren, daß Gleiten mit Zusatzaufgaben versehen werden kann, die Einfluß auf die Gleitfähigkeit nehmen. Solche Aufgaben leisten einen Beitrag zur noch besseren Koordinations- und Orientierungsfähigkeit im und unter Wasser.

Aus den genannten Gründen wird ersichtlich, daß dem Gleiten für die Entwicklung der Kinder im Wasser eine wichtige Rolle zukommt.

Unterrichtende dürfen deshalb diesen Lernbereich im Unterricht nicht vernachlässigen oder gar ausblenden.

Nahezu alle Aufgaben zum Gleiten müssen in straffen Organisationsformen erfolgen, um Unfallrisiken auszuschalten. Gleiten darf auf keinen Fall im „Gegen-

verkehr“ organisiert werden. Zudem sind die Kinder aufzufordern, während des Gleitens in Bauchlage ihre Augen zu öffnen!

Merke:

Vor dem Lernen der ersten Schwimmtechnik muß die Fähigkeit des Gleitens bei Kinder ein entsprechendes Könnensniveau erreicht haben!

Ohne diese Erfahrungen macht es keinen Sinn, eine Schwimmtechnik vermitteln zu wollen!

Selbst für Fortgeschrittene sollte Gleiten nie abgeschlossen sein. Aufgaben in veränderter und erschwerter Form müssen immer wieder zum Inhalt des Unterrichts werden, um diese Fähigkeit auf ein stetig besseres Leistungsniveau zu bringen.

Gleiten, verbunden mit Drehungen um Körperachsen, ist auch Teilbereich der Orientierungsfähigkeit, insbesondere unter Wasser. Es werden wichtige Grundlagen gelegt zum späteren Lernen von Wenden, vor allem der Rollwende.

Der einmalige Kraftimpuls zum Gleiten kann entstehen durch

- ***einen Partner, der durch einen einmaligen Kraftimpuls den Liegenden an den Beinen anschiebt oder an den Händen anzieht;***
- ***zwei Partner, die einen dritten zwischen sich hin- und herbewegen oder -schieben;***
- ***den Abstoß***
  - ***vom Beckenboden;***
  - ***von der Beckenwand;***
  - ***von der Treppe;***
- ***den Absprung vom Beckenumgang mit kopfwärtigem Eintauchen ins Wasser und anschließendem Gleiten – möglichst – unter Wasser.***

Körperlagen beim Gleiten können sein:

Bauchlage;

Rückenlage;

Seitenlage.

Gleiten ist möglich

- ***mit einem Hilfsmittel in den Händen, wie z. B. eine Schwimmsprosse.***

  Weniger günstig, da ein hoher Wasserwiderstand erzeugt wird. Bei noch vorhandenen Unsicherheiten kann ein solches Hilfsmittel hilfreich sein.
- ***mit dem Schwimmbrett;***
- ***mit dem Pull-Buoy;***
- ***ohne Hilfsmittel.***
  Dies muß das Ziel für möglichst alle Kinder sein!

Gleiten ist möglich

- ***mit veränderten Armstellungen;***

- ***mit veränderten Beinstellungen;***
- ***mit veränderter Kopfhaltung;***
- ***mit Zusatzaufgaben.***

Hinweis:

Alle Altersangaben der folgenden Aufgaben bedingen entsprechende Wassererfahrungen. Sind diese nicht vorhanden, müssen die Altersangaben nach oben korrigieret werden.

„Gleit-Situationen“

Sich von einem Partner durchs flache Wasser ziehen lassen

Diese Aufgaben können in freien Organisationsformen durchgeführt werden, d. h. der gehende Partner wählt selbst seinen Weg im Wasser.

- Der Ziehende geht vorwärts durchs Wasser.

  Der Liegende liegt in gestreckter Bauchlage hinter dem Ziehenden. Er hält sich mit den Händen an der Hüfte des Ziehenden fest.

  Hinweise:

  Ziehender:

  - Vorwärtsgehen ist im Wasser sicherer und schneller als rückwärtsgehen. Durch den Einsatz der Arme wird die Fortbewegung schneller. Somit entsteht ein größerer dynamischer Auftrieb, der eine bessere, weil waagrechtere, Körperlage des Liegenden zur Folge hat.

  Liegender:

  - Die Arme sind gestreckt.
  - Das Gesicht befindet sich im Wasser.
  - Es wird ins Wasser ausgeatmet („Blasen blubbern“).

Dieser Hinweis gilt für alle Situationen des Liegens in Bauchlage, auch wenn dabei Teilbewegungen von Schwimmtechniken durch Üben gelernt oder gefestigt werden. Hier dürfen Lehrkräfte nicht nachlässig sein, weil Ausatmen ins Wasser als wichtiges Merkmal für sicheres und ausdauerndes Schwimmen gilt und stetig verbessert werden muß.

  - Zum Luftholen dürfen die Kinder anfangs hinstehen. Später müssen sie lernen, durch Anheben des Kopfes nach vorne/zur Seite (ungünstig, wenn beide Arme nach vorne gestreckt sind) einzuatmen. Sie dürfen dabei immer nur einmal einatmen und müssen danach ihr Gesicht wieder ins Wasser legen.

  Geeignet: ab 7/8 Jahren.

- Der Ziehende geht rückwärts; der Liegende befindet sich in Rückenlage.

  Hinweise:

  Gehender:

  - Seine Hände sind unter den Schulterblättern des Liegenden.
  - Er darf den Oberkörper des Liegenden nicht aus dem Wasser heben.

Liegender:

- Arme und Hände liegen neben dem Körper.
- Die Ohren befinden sich im Wasser.
- Der Blick geht in fußwärtiger Richtung zur Decke.

Geeignet: ab 8/9 Jahren.

- Der Ziehende geht vorwärts; der Liegende ist in Rückenlage.

Hinweis:

Für den Ziehenden ist diese Variante einfacher; für den Liegenden sehr viel schwieriger. Denn er muß seinen Partner mit hinter den Kopf gestreckten Armen an dessen Hüfte festhalten und darauf achten, daß seine Arme und Hände ganz ins Wasser eingetaucht sind. Kann er dies nicht umsetzen, vermindert er seinen Auftrieb. Die Folge kann sein, daß sein Gesicht unter Wasser gerät und ihm dadurch Wasser in die Nase läuft.

Gleiten mit Schwimmbrett in Bauch- und Rückenlage

- Zunächst gleiten die Kinder vom Wasser aus zur Beckenwand. Sie stoßen sich dabei vom Beckenboden ab. Der Abstand sollte anfangs nicht mehr als drei Meter betragen, weil dies Sicherheit vermittelt. Zudem wird die Übungsintensität erhöht, da zwei Gruppen von der Beckenmitte aus zugleich zur jeweils anderen Wand gleiten können; vorausgesetzt die entsprechende Wasserfläche ist vorhanden.

Hinweis:

Die Kinder sollen von Beginn an Gleiten in Bauch- und Rückenlage erfahren!

Vom Gleiten in Rückenlage werden zunächst noch die ausgenommen, die sich in der Rückenlage unwohl fühlen und diese Position verweigern!

- Beim Gleiten in Bauchlage muß die Lehrkraft auf die ***richtige Handhabung des Schwimmbretts*** achten: Die Handflächen liegen flach auf dem Brett oder sie greifen – wenn die Arme lang genug sind – die vordere Brettkante.
- Das Gesicht befindet sich im Wasser.
- Es muß ins Wasser ausgeatmet werden.

Abb. 38: Die beiden 8- und 9jährigen Jungen demonstrieren die beiden Möglichkeiten der Handhabung des Bretts in Bauchlage.

Hinweis:

In Rückenlage gibt es zwei Möglichkeiten der Handhabung des Bretts:

1. Es wird mit beiden Händen vor dem Bauch festgehalten und der Bauch gegen das Brett gedrückt. Die Ohren befinden sich im Wasser; der Blick ist in fußwärtiger Richtung zur Decke gerichtet.
2. Das Brett liegt quer unter dem Kopf und wird mit den Händen rechts und links außen festgehalten. Der Blick ist in fußwärtiger Richtung zur Decke gerichtet.

Abb. 39: Das Bild zeigt die beiden Möglichkeiten der Handhabung des Schwimmbretts beim Gleiten in Rückenlage. Der Junge rechts auf dem Bild muß durch Beinbewegungen – sichtbar mit dem rechten Bein – das Absinken der Beine ausgleichen. Auch mit dem Brett sinken seine Beine ab und der Körper gerät in Schräglage.

- Gleiten zur Beckenwand wird abgelöst durch Gleiten weg von der Wand ins „freie" Wasser.

Aus Gründen der Sicherheit darf keinesfalls im „Gegenverkehr" geübt werden! Es sei denn, der Abstand beider Gruppen ist so groß, daß sich die Übenden nicht in der Beckenmitte treffen können!

Haben die Kinder bereits Erfahrungen mit dem Aufenthalt in nicht-stehtiefem Wasser gesammelt, kann diese Aufgabe auch in dieser Wassersituation organisiert werden!

Das Schwimmbrett wird jedem Kind nur solange als Hilfsmittel angeboten wie es dieses unbedingt benötigt. Hier muß differenziert werden!

- Eine Zwischenstufe vor dem Gleiten ohne Hilfsmittel kann die Verwendung von Pull-Buoys sein. Dieses Hilfsmittel erhalten nur die Kinder, die es wirklich benötigen.

  Es wird mit beiden Händen gehalten.

  Eine weitere Abstufung ist die Hälfte eines Pull-Buoys: Das Kind bekommt einen der beiden Zylinder. Dies ist nur mit solchen Geräten machbar, bei denen beide Zylinder mit einer Schnur verbunden sind. Durch das Lösen der Kordel erhält man zwei einzelne Zylinder.

  Diese extreme Maßnahme ist jedoch nur sehr selten notwendig.

Gleiten variieren und mit Zusatzaufgaben versehen

- Gleiten in Seitenlage.

  Von der Beckenwand in Seitenlage

abstoßen; beide Arme sind nach vorne gestreckt.

Die Seitenlage links und rechts erproben.

Variation:

Der Arm, der dem Beckenboden näher ist, wird nach vorne gestreckt. Der andere liegt am Körper; seine Handfläche berührt den Oberschenkel.

- Zum Beckenboden gleiten in:
  - Bauchlage;
  - Rückenlage;
  - Seitenlage.

Hinweise:

- In stehtiefem Wasser darf diese Aufgabe aus Sicherheitsgründen nur in Bauch- und Seitenlage gemacht werden.
- Die Arme bleiben vor dem Kopf.
- Die Kinder sollen erfahren, daß sie diese Aufgabe nur bewältigen können, wenn sie intensiv ins Wasser ausatmen und die Kopfhaltung stimmt, um den Körper zum Beckenboden steuern zu können

Geeignet: ab 9/10 Jahren.

- Während des Gleitens – solange noch Vortrieb vorhanden ist – sich aus der Bauchlage in die Rückenlage drehen.

Dieselbe Aufgabe wird auch in umgekehrter Reihenfolge erprobt.

Hinweis:

Zu beachten ist, daß nach dem Abstoß eine Strecke gleitend zurückgelegt wird, bevor in die andere Körperposition gewechselt wird.

Geeignet: ab 8/9 Jahren.

- Während des Gleitens in Bauch- oder Rückenlage einen „Purzelbaum“ ausführen und mit dem Restschwung ausgleiten.

Hinweise:

- Nach dem Abstoß zuerst gleiten und erst dann den „Purzelbaum“ machen.
- Beim Rückwärtsrollen muß durch die Nase ausgeatmet werden.
- Die Kinder sollen selbst erproben wie sie rollen müssen, um anschließend noch eine kurze Strecke gleiten zu können.
- Nach den ersten Erfahrungen sollten die Kinder aufgefordert werden, den „Purzelbaum“ möglichst schnell zu machen.
- Soll später die Rollwende gelernt werden, ist es sinnvoll, die Aufgabe zu erweitern: Während des Gleitens werden die Hände neben die Oberschenkel gebracht; die Handflächen zeigen zum Beckenboden. Aus dieser Position heraus wird der „Purzelbaum“ eingeleitet.

Diese Aufgabe erfordert aus Sicherheitsgründen eine Wassertiefe von mindestens 1,20 m!

Geeignet: ab 8/9 Jahren.

- Beim Gleiten in Bauchlage die Beine und Arme grätschen.

Hinweis:

Die Kinder sollen erleben und erkennen, daß diese Körperhaltung für das Gleiten ungünstig ist und so nur eine kurze Gleitstrecke zurückgelegt werden kann.

- Gleiten in Bauchlage. Die Arme befinden sich neben dem Körper und der Kopf ist im Nacken.

  Hinweis:

  Die Kinder sollen feststellen, daß sie in dieser Haltung nur noch eine kurze Strecke gleiten können und zudem die Beine absinken.

  Geeignet: ab 8/9 Jahren.

- Gleiten in Rückenlage und dabei einen/beide Arm(e) ganz aus dem Wasser nehmen.

  Die Kinder erhalten den Hinweis: „Ihr sollt eure eigene Hand/eigenen Hände sehen“.

  Hinweis:

  Bei dieser Aufgabe erleben sie, daß die Gleitstrecke sehr kurz ist und der Körper schnell in Richtung Beckenboden sinkt.

  Geeignet: ab 8/9 Jahren.

Gleiten mit Partnern

- Partner A gibt B an dessen Fußsohlen einen einmaligen Kraftimpuls zum Gleiten.

  Die Aufgabe ist in Bauch- und Rückenlage durchführbar.

  Geeignet: ab 9/10 Jahren.

- Zu dritt „hobeln“.

  Zwei halten den dritten, der in gestreckter Bauchlage zwischen ihnen liegt, an Unterarmen und Unterschenkeln fest. Sie „hobeln“ ihn vor und zurück.

  Der Kontakt an Armen und Beinen bleibt die ganze Zeit erhalten. Arme und Beine des „Gehobelten“ sind gegrätscht, damit die „Hobler“ diese rechts und links an sich vorbeiziehen können.

  Beide „Hobler“ müssen sich in ihren Bewegungen abstimmen.

  Die Liegenden sollten diese Aufgabe nur in Bauchlage erfahren, weil das gestreckte Liegen in Rückenlage nicht einfach ist und viel Wasser in die Nase laufen kann.

  Geeignet: ab 9/10 Jahren.

- Wie die vorherige Aufgabe, jedoch stehen die „Hobler“ weiter voneinander entfernt.

  Der eine (A) gibt dem Liegenden einen einmaligen Kraftimpuls an dessen Beinen. Dadurch gleitet er zu Partner B. Dieser fängt ihn an den Unterarmen auf und schiebt ihn zu A zurück.

  Der Liegende wird so lange hin- und hergeschoben, bis er Luft holen muß.

  Auch diese Aufgabe sollte aus den bereits genannten Gründen nur in Bauchlage durchgeführt werden.

  Geeignet: ab 10 Jahren.

- Etwa acht bis zehn Kinder bilden eine „Gasse“. Ein Schüler legt sich in Bauchlage in die „Gasse“ und wird von den Stehenden ans andere Ende der Gasse geschoben.

  Hier reiht er sich in die Gasse ein. Der nächste legt sich in Bauchlage in die Gasse usw.

  Geeignet: ab 9/10 Jahren.

Den Abstoß von der Wand und das Gleiten qualitativ verbessern

Hinweise:

- Die Qualität des Abstoßes beeinflußt die Gleitgeschwindigkeit. Je besser der Abstoß ausgeführt wird, umso größer ist die Gleitgeschwindigkeit.
- Gleiten unter der Wasseroberfläche ist wirkungsvoller als Gleiten an der Wasseroberfläche. Kinder müssen dies erleben, erfahren und erkennen dürfen.

  Das Gleiten unter Wasser gelingt nur, wenn der Abstoß stimmt, die Kopfhaltung richtig ist und während des Gleitens ins Wasser ausgeatmet wird.

Möglichkeiten zur Erzeugung eines wirkungsvollen Abstoßes für Gleiten in Bauchlage

Hinweise:

- Der wirkungsvolle Abstoß für das Gleiten sollte nicht vor 9/10 Jahren erlernt werden.
- Mit beiden Händen die Überlaufrinne greifen. Die Fußsohlen berühren die Beckenwand; die Beine sind in Hüfte und Knie gebeugt. Der Oberkörper liegt nahezu waagrecht im Wasser.

  Vor dem Abstoßen wird das Gesicht ins Wasser genommen. Die Hände lösen sich vom Beckenrand und werden im Wasser am Körper vorbei vor dem Kopf zur Streckung gebracht. Vor dem Abstoßen muß kurz verharrt werden, da der Körper im physikalischen Sinne träge ist. Dann erfolgt ein kräftiger Abstoß mit den Füße von der Beckenwand.

  Während des Gleitens wird ins Wasser ausgeatmet. Ausatmen und die entsprechende Kopfhaltung bewirkt, daß der ganze Körper unter Wasser gleitet.

  Eine zweite Möglichkeit zum Abstoßen ist folgende: Beide Hände greifen die Überlaufrinne. Die Fußsohle eines Beines berührt die Beckenwand; dieses Bein ist in Hüfte und Knie gebeugt. Der andere Fuß steht auf dem Beckenboden und wird vor dem Abstoß neben den anderen gegen die Wand gesetzt.

  Der weitere Ablauf ist identisch mit dem zuerst beschriebenen.

  Später kann eine den Abstoß unterstützende Armbewegung hinzukommen. Diese Verfeinerung darf jedoch im Grundschulalter nicht mehr angeboten werden, weil sie Kinder in diesem Alter überfordert.

Möglichkeiten zur Erzeugung eines wirkungsvollen Abstoßes zum Gleiten in Rückenlage

Hinweise:

- Der wirkungsvolle Abstoß für das Gleiten sollte nicht vor 9/10 Jahren erlernt werden.
- Beide Hände greifen in die Überlaufrinne. Die Fußsohlen berühren die Beckenwand; Hüfte und Knie sind gebeugt.

  Die Hände werden von der Überlaufrinne gelöst und die Arme neben dem Körper ins Wasser gelegt. Der

Oberkörper geht in Rückenlage. Vor dem Abstoßen muß kurz gewartet werden, um eine gute Abstoßsituation zu erreichen.

Das Gleiten darf anfangs noch an der Wasseroberfläche geschehen. Es muß später jedoch unter Wasser erfolgen.

Die Kindern müssen lernen, daß sie beim Gleiten unter Wasser intensiv durch die Nase ausatmen.

Diese Art des Gleitens sollte nur ein Zwischenschritt auf dem Weg zur Zielform sein.

Diese sieht so aus: Beide Arme werden nach dem Lösen der Hände von der Überlaufrinne im Wasser am Körper vorbei hinter dem Kopf zur Streckung gebracht. Vor dem Abstoß von der Wand erfolgt eine kurze Pause.

Das Gleiten findet unter Wasser statt und die Arme liegen während des Gleitens gestreckt hinter dem Kopf.

Diese Zielform anzustreben ist wichtig, weil beim Rückenschwimmen nach Start und Wende das Gleiten in dieser Position erfolgen muß und aus dieser Haltung heraus die alternierende Armbewegung beginnt.

Diese Zielform darf nicht vor 10 Jahren erlernt werden, weil Kinder sonst überfordert sind.

Das Rückenschwimmen kann dennoch im Alter von 9/10 Jahren vermittelt werden, weil dieses Gleiten unter Wasser keine zwingende Voraussetzung ist. Kinder müssen aber über Wasser so in Rückenlage gleiten können, daß beide Arme hinter den Kopf gestreckt sind.

Kopplung von Startsprung/Start und Gleiten

Wird der Startsprung (ab Klassenstufe drei, besser erst vier), erlernt, ist darauf hinzuwirken, daß nach dem Startsprung lange unter Wasser mit nach vorne gestreckten Armen zu gleiten ist.

Diese Erfahrungen und Erkenntnisse werden später benötigt, wenn Start und Wende mit anschließendem Übergang in eine Schwimmtechnik gekoppelt werden.

11 Sportartbezogene Erfahrungen machen: Schwimmtechniken lernen

11.1 Bemerkungen

Schwimmtechniken

- ***haben keinen Platz im Schwimmunterricht für Kinder im Kindergartenalter!***

- ***Auch den Schwimmunterricht von Kindern im Grundschulalter dürfen sie nicht dominieren, sondern müssen eine untergeordnete Bedeutung spielen!***

(Die notwendigen Begründungen wurden im Vorwort und Kapitel 1 des Theorieteils gegeben).

Das vielfältige Erschließen der Bewegungswelt Wasser ist weitaus wichtiger, denn damit wird eine solide Grundlage zum bestmöglichen Lernen von Schwimmtechniken gelegt. Unterrichtende, die sich zur Schaffung dieser Grundlage Zeit nehmen, tun Kindern Gutes. Auch sollte sich jede Lehrkraft darüber im klaren sein, daß Schwimmunterricht nur unter sportartbezogenen Erfahrungen vermittelt, wohl die monotonste Sportart darstellt.

Mit diesen Bemerkungen soll das Lernen von Schwimmtechniken keinesfalls in Abrede gestellt werden!

Kinder sollen und wollen auch diese Techniken lernen!

Die entscheidende Frage ist der Zeitpunkt zum Erlernen von dieser Techniken! Dieser wird leider häufig viel zu früh gelegt. Oftmals ist es die eigene Biographie der Lehrkraft, die dem „im Weg steht". Die Mehrzahl der Erwachsenen haben Schwimmunterricht – ob im Schwimmkurs, in der Schule oder im Verein – so vermittelt bekommen, daß möglichst schnell mit dem Lernen von Schwimmtechniken begonnen wurde und diese den Schwimmunterricht dominierten. Deshalb sei an die Hinweise von VOLKAMER (siehe Seiten 47 und 48 verwiesen im Hinblick auf das Prägen von Einstellungen.

So wichtige Themen wie Spielen, Experimentieren, eigenes Finden von Lösungen zu gestellten Bewegungsaufgaben und Sammeln vielfältigster Wassererfahrungen werden auch noch heute von vielen Unterrichtenden ausgelassen. Das schnelle und intensive Erlernen der Schwimmtechniken scheint für sie das einzig wichtige Ziel im Schwimmunterricht zu sein. Dieser Denkansatz orientiert sich keineswegs am Kind.

In der Sportdidaktik vollzog sich in den vergangenen Jahren ein Wandel. Bis solches Wissen jedoch an der Basis seine Umsetzung findet, vergeht oftmals eine lange Zeit. So darf es z. B. nicht sein, daß Kinder die Technik des Brustschwimmens lernen, ohne zuvor vielfältige Erfahrungen mit statischem und dynamischem Auftrieb, Tauchen und Atemverhalten im Wasser gemacht zu haben. Bei Kindern, die Brustschwimmen nur mit dem Gesicht über Wasser anwenden können und die nicht bereit sind, ihr Gesicht ins Wasser zu tun, ist vieles fehlgelaufen. In Gesprächen bei Fortbildungslehrgängen mit Lehrkräften kommen solche Punkte immer wieder zur Sprache. Für nicht wenige Lehrkräfte ist es manchmal ein wichtiges, wenn auch spätes, Eigenerlebnis, erstmals an sich selbst Gleiten in Bauchlage mit dem Gesicht im Wasser, verbunden mit „Blasen blubbern“, zu erfahren. Es ist für sie auch sehr eindrucksvoll, wenn es ihnen erstmals gelingt, durch „Blasen blubbern“ ihren Körper so „schwer“ werden zu lassen, daß er ohne Bewegungen Richtung Beckenboden sinkt. In begleitenden Gesprächen wird dargelegt, weshalb solche Erlebnisse, Erfahrungen und Erkenntnisse für Kinder ganz wichtig sind.

Steht die ***Frage nach der ersten Schwimmtechnik*** an, greifen viele wiederum auf ihre eigene Biographie zurück. Diese sagt ihnen, daß Brustschwimmen die als erste zu erlernende Schwimmtechnik war und ist. Viele Kinder im Grundschulalter lernen heute immer noch diesen koordinativ anspruchsvollen Bewegungsablauf als erste Technik, der zudem aus orthopädischer Sicht abzulehnen ist. Viele Lehrkräfte machen sich keine Gedanken über den koordinativen Anspruch dieser Technik und die koordinative Leistungsfähigkeit von Kindern in diesem Altersbereich.

Die anspruchsvollste Technik wird als erste vermittelt!

Kinder lernen eine Technik, bei der sich gravierende Fehler entwickeln können, wie z. B. die „Schere“ in der Beinbewegung, die später, zudem bewegungsmäßig automatisiert, im schulischen Bereich mit seinen organisatorischen Bedingungen kaum mehr beseitigbar ist.

Auch viele Übungsleiter in den Vereinen, die mit Anfängerschwimmen zu tun haben, scheinen sich mit dieser Thematik nicht genügend auseinanderzusetzen!

Gewährt man Kindern im Kindergarten- und frühen Schulalter den Erfahrungsbereich „nicht-stehtiefes Wasser“ anfangs mit, später ohne Hilfsmittel und erteilt ihnen keine Bewegungsvorschrift, so zeigen alle Kinder in Bauchlage dieselbe Bewegungsstruktur: „Hundeln“, d. h. wechselseitige Bewegungen mit Armen und Beinen.

Dies sind eigene Beobachtungen an Kindern über viele Jahre Unterricht. Es ist zu vermuten, daß der Mensch über ein anlagebedingtes Bewegungsmuster verfügt zur Bewältigung dieser

Wassersituation. Warum greifen wir dies nicht auf, führen es fort und verfeinern diese Struktur zum Kraulschwimmen? Hinzu kommt, daß beim Erlernen dieser Technik weniger gravierende Fehler auftreten können als beim Brustschwimmen.

Kraulschwimmen läßt sich jedoch nur sinnvoll erlernen und anwenden mit dem Gesicht im Wasser und gut ausgeprägtem Atemverhalten. Hierfür bedarf es aber entsprechender Vorarbeit. Beim Brustschwimmen kann mit dieser Vorleistung großzügig umgegangen werden: Kinder können diese Technik auch mit dem Gesicht über Wasser schwimmen. ***Dies ist jedoch kein richtiges Brustschwimmen und darf so nicht vermittelt werden!***

Auch die stets wiederkehrenden Hinweise in Diskussionen, daß mit Kraulschwimmen keine Ausdauerleistungen erbracht werden können, sind falsch. Wer im Wasser richtig atmen gelernt hat, kann auch mit dieser Schwimmtechnik ausdauernde Leistungen erzielen. Damit ist wiederum dieser so wichtige Lernbereich „Atemverhalten im Wasser" angesprochen.

Auch ohne Schwimmtechnik läßt sich im Wasser unter einfachen Bedingungen allgemeine, aerobe, dynamische Ausdauer trainieren. Benötigt werden nur Schwimmflossen und Erfahrungen mit der Wechselbeinbewegung in Bauch-, Rücken- und Seitenlage. Durch den Einsatz beider Beine sind mehr als die geforderten $^1/_7$–$^1/_6$ der Gesamtmuskulatur im Einsatz. Beachtet werden müssen die für die Reizsetzung erforderlichen Belastungsdosierungen.

Mit einer Schwimmtechnik die Ausdauer im Wasser zu trainieren setzt voraus, daß diese ein solides, fehlerfreies Anwendungsniveau erreicht hat. Kinder derart ausdauernd Brustschwimmen zu lassen, wobei sie ständig ihr Gesicht über Wasser haben, darf nicht sein!

Aus Beobachtungen und Äußerungen von Kindern ist zu schließen, daß sie vom Kraulschwimmen mehr „angesprochen" werden und ihnen diese Technik mehr Spaß zu bereiten scheint. ***Kraulschwimmen scheint die kindgemäßere Schwimmtechnik zu sein!***

Rückenschwimmen weist ähnliche Bewegungsmerkmale wie Kraulschwimmen auf. Gleichgültig, ob Kraul- oder Rückenschwimmen erlernt wird, die Wechselbeinbewegung ist aus lerntheoretischer Sicht vielseitig anzubieten: in Bauch-, Rücken-, Seitenlage und der Senkrechten.

Rückenschwimmen ist aber keinesfalls die so einfach zu erlernende Schwimmtechnik, wie dies häufig beschrieben wird, weil

- bei richtiger Armführung über Wasser das Gesicht keineswegs frei von Wasser bleibt (Problem der Atmung).
- Das so wichtige Abschlagschwimmen beim Erlernen der Armbewegung in Rückenlage Kindern anfangs erhebliche Schwierigkeiten bereitet.
- Beim Rückenschwimmen jegliche Orientierung in Bewegungsrichtung fehlt.

Merke:

Sportartbezogene und normierte Fertigkeiten zu vermitteln bedeutet, auf ein qualitativ gutes Endprodukt hinzuarbeiten!

Um dies zu erreichen, benötigen Kinder viele Erfahrungen mit Wasser und Zeit!

Da Schwimmtechniken an Gütekriterien zu orientieren sind, kann Kindern nur noch ganz geringer Spielraum zum Experimentieren gewährt werden. Diese müssen sie aber in vielen anderen Wassersituationen ausleben können, bei denen das (Bewegungs-) Produkt keine Rolle spielt.

Unterrichtende haben sich in diesem Lernbereich an sportmechanischen und lerntheoretischen Kriterien zu orientieren!

Sportmechanische Kriterien bedeuten, daß z. B. gewisse Bewegungsmerkmale zu erarbeiten sind. Im Wasser, bedingt durch seine andersartigen physikalischen Eigenschaften, ist dies von besonderer Bedeutung. Nur dadurch gelingt es, ökonomische Bewegungen zu erzielen.

Unter *lerntheoretischen Gesichtspunkten* ist zu verstehen, daß z. B. alle Schwimmtechniken, bedingt durch ihre Komplexität, in sinnvolle Teilbewegungen zu zergliedern sind. Kindern muß Gelegenheit gegeben werden, diese Teilbewegungen intensiv üben zu können. Erst dann ist es möglich, zwei Teilbewegungen zu verbinden. Üben/Wiederholen von Bewegungen ist im übrigen nichts Schlechtes, auch wenn manche dies glauben. Um Fähigkeiten und Fertigkeiten nicht nur im Sport sicher zu beherrschen und anwenden zu können, bedarf es des Übens. Einen interessanten Beitrag zu diesem Thema hat BOLLNOW (1974) mit dem Titel „Übung als Weg des Menschen" veröffentlicht. Bei BREZINKA (1986; 1987) ist ähnliches nachzulesen. Die neuen wissenschaftlichen Erkenntnisse aus der Netzwerktheorie, dem Lernen in neuronalen Netzen, besagen, daß ein System nur dann genau und gut funktioniert, wenn es langsam lernt und daß sich erst nach einigen tausend Lernschritten die Synapsengewichtsvektoren einzelner Neuronen immer besser auf bestimmte Inputsignale einstellen. Dies setzt allerdings voraus, daß der Input Regelmäßigkeiten aufweist (SPITZER 1996, S. 59 und 111).

Unter sportmechanischen und lerntheoretischen Gesichtspunkten werden in der Unterrichtspraxis oftmals entscheidene Fehler gemacht!

Wichtige Folgerungen für Unterrichtende lauten:

- ***Das Erlernen von Schwimmtechniken setzt vielfältigste Erfahrungen mit der Erlebenswelt Wasser voraus.***
- ***Um Schwimmtechniken zu erlernen ist ein bestimmtes (motorisches) Entwicklungsalter notwendig.***
- ***Kindern Schwimmtechniken zu vermitteln fordert Unterrichtende heraus, weil sie***

bemüht sein müssen, gute Qualität zu erreichen.

- ***Unterrichtende müssen konsequent zu Werke gehen und oftmals auch zur Bewegungsführung oder -korrektur mit im Wasser sein.***
- ***Informationen müssen kindgemäß sein und ihrer Gewichtung entsprechend nacheinander gegeben werden. Die nächste erfolgt, wenn die vorangegangene sicher verarbeitet wurde.***
- ***Kinder benötigen zum Üben genügend Zeit.***

Entwicklungs-, bewegungsauffällige und behinderte Kinder – Hinweise

Bei diesen Kindern sind sehr häufig Abstriche beim Erlernen von Schwimmtechniken zu machen!

Es hat keinen Sinn, durch starres Festhalten an normierten Gütekriterien diese Kinder motorisch, emotional und/oder kognitiv zu überfordern.

Die Orientierung am Kind mit seinen augenblicklichen Fähigkeiten hat im Vordergrund zu stehen.

Von Lehrkräften wird die Fähigkeit zu Differenzierung und Individualisierung gefordert, die sich aus der Beobachtung des Kindes ergibt!

Wer viel Erfahrung mit Schwimmunterricht hat und Offenheit zeigen kann, dem fällt der Umgang mit diesen Kindern leicht.

Kinder, die trotz einem oder mehrerer Handicaps in der Lage sind, eine Schwimmtechnik zu erlernen, sollen diese auch vermittelt bekommen. Dabei kann es bei einzelnen Kindern notwendig sein, ***Gütekriterien für Bewegungen nicht zu eng zu sehen.***

Manche dieser Kinder, für die das Lernen einer Schwimmtechnik nicht sinnvoll ist, kommen u. U. mit einer ***„Mischtechnik“*** bestens zurecht. Eine koordinativ einfache „Mischtechnik“ in der Bauchlage ist z. B. die Wechselbeinbewegung und die Armbewegung des Brustschwimmens.

Kann diese „Mischtechnik“ nicht erlernt werden, weil die Beeinträchtigungen zu stark sind, dann ist die vom Kind ***selbst gefundene Bewegung*** zur Bewältigung von nicht-stehtiefem Wasser der einzig richtige Weg.

Bei noch stärker beeinträchtigten Kindern, mit z. B. bestimmten Ausprägungsgraden cerebraler Bewegungsstörungen oder Formen geistiger Behinderung, kann oft nur der ***lebenslange Einsatz von Flossen*** die selbständig entwickelte Bewegung so unterstützen, daß sicheres Bewegen in nicht-stehtiefem Wasser gewährleistet ist. Für diese Kinder sind solche Erlebnisse von ganz besonderer Bedeutung für ihr Selbständigsein, ihre Unabhängigkeit von anderen Personen und ihr Selbstwertgefühl. Kinder mit cerebraler Bewegungsstörung, die tagaus, tagein im Rollstuhl sitzen, genießen diese Situation der Unabhängigkeit. Regelmäßiger Aufenthalt im Wasser kann zudem eine wichtige präventive Maßnahme zur Vermeidung von Beugekontrakturen in den großen Körpergelenken, vor allem Hüft- und Kniegelenken sein.

Kinder mit Handicaps benötigen erfahrungsgemäß noch mehr Zeit zur „Verinnerlichung" und zum sicheren Anwenden dieser Bewegungen. Sie sind dringend auf Lehrkräfte angewiesen, die ihnen gegenüber keine Negativ-Zuschreibungen machen und überlegen, was einzelne nicht können sondern im Sinne von EGGERT (1997) von ihren Stärken ausgehen.

Sie benötigen Lehrkräfte, die mutig und experimentierfreudig sind, damit diese Kinder voran gebracht und in ihrer Entwicklung nicht blockiert werden!

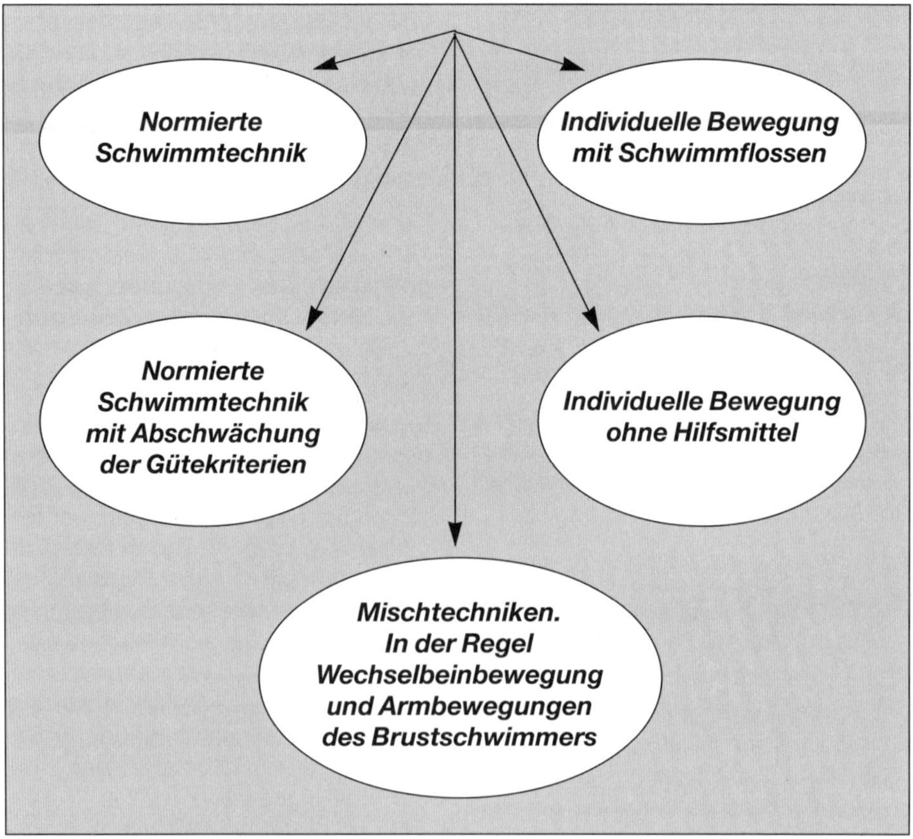

Abb. 40: Das Schaubild zeigt Möglichkeiten auf, die sich aus individuellen Voraussetzungen für sicheres Bewältigen von nicht-stehtiefem Wasser ableiten lassen.

11.2 Die Schwimmtechnik Kraulschwimmen

Bemerkungen

Grundlegende Elemente des Kraulschwimmens sind:

- ***Das im Wasser liegende Gesicht mit intensiver Ausatmung ins Wasser und die auf die Armbewegung abgestimmte Seitwärtsdrehung des Kopfes (und Oberkörpers) zum Einatmen.***
- ***Die wechselseitigen Arm- und Beinbewegungen.***
- ***Das nahe Vorbeiführen der Arme am Kopf über Wasser, der sog. „hohe Ellbogen“.***
- ***Die unter dem Körper bleibenden Hände während der Bewegung im Wasser.***
- ***Der relativ lange Weg der Hände im Wasser nach hinten.***

Kraulschwimmen muß, wie alle anderen Schwimmtechniken, ***wegen seiner komplexen Bewegungsstruktur***

- *in* ***Teilbewegungen (TB)*** *zergliedert werden.*
- ***Diese Teilbewegungen sind nacheinander zu vermitteln.***

  Denkbar – für die Schule weniger geeignet – ist auch das parallele Erlernen einzelner Teilbewegungen, die getrennt voneinander ausgeführt werden.

  Dieses methodische Vorgehen eignet sich eher für den Verein, weil dort die zeitlichen Rahmenbedingungen in der Regel günstiger sind als in der Schule.
- ***Die Teilbewegungen müssen in einer sinnvollen Reihenfolge, die Varianten gestattet,*** erlernt werden. Die Kopplung zweier Teilbewegungen darf erst dann erfolgen, wenn ***jede durch intensives Üben auf Automatisationsniveau gebracht wurde.***
- Die auf der folgenden Seite ***dargestellten Varianten der Vermittlung sind gleichrangig.*** Die Entscheidung obliegt der Lehrkraft.

Schwimmflossen sind zum Erlernen des Kraulschwimmens sehr hilfreich und erleichtern Kindern über weite „Strecken“ das Erlernen dieser Schwimmtechnik!

Dabei ist wichtig zu beachten, daß

- ***nicht nur mit diesem Hilfsmittel geschwommen wird.***
- ***Ihre Verwendung irgendwann ein Ende hat, weil das Ziel heißt: Kraulschwimmen ohne Hilfsmittel.***
- ***Flossen erleichtern das Erlernen einiger Teilbewegungen, z. B. die Armbewegung; die Einatmung, ganz erheblich; für andere, z. B. die Kopplung der Arm- und Beinbewegung, dürfen sie nicht benutzt werden, weil sie das Entstehen fehlerhafter Bewegungsstrukturen begünstigen.***

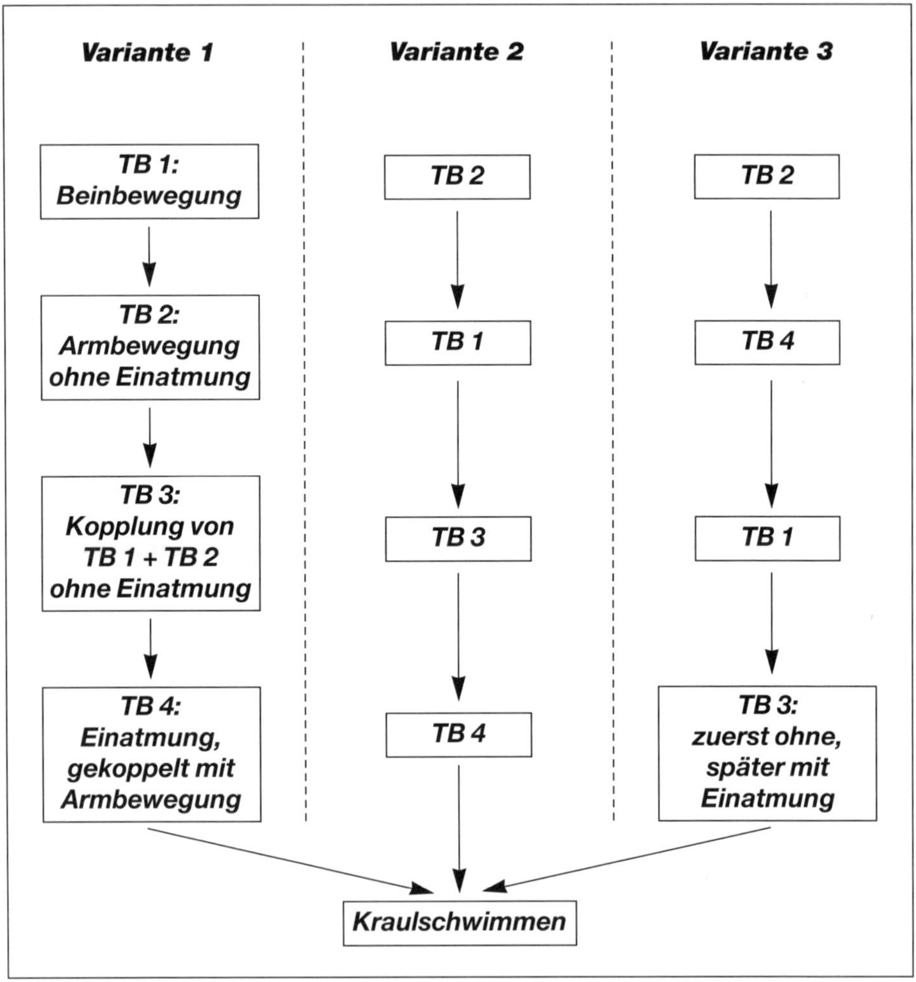

Abb. 41: Vermittlungsstrategien des Kraulschwimmens.

Für das Erlernen des Kraulschwimmens sind einige wichtige Gesichtspunkte zu beachten, die teilweise auch für andere Schwimmtechniken Gültigkeit besitzen.

Informationsübermittlung

Gemeint ist die Wahl des für das Erlernen dieser Bewegung günstigsten Wahrnehmungskanals. ***Der visuelle Kanal,*** d. h. das Beobachten eines im Wasser demonstrierenden Vorbilds, muß dominant sein. Sprache darf nur begleitend unterstützen.

Anwendungssituation

Alle Bewegungen der Schwimmtechniken sind im Wasser und nicht als „Trockenübung" durchzuführen, um die haptisch-taktile Wahrnehmung und die Tiefensensibilität von Beginn an richtig einzustellen.

Alle Bewegungen sind in der Körperlage zu erlernen, in der sie in der Zielform auch angewendet werden. Für Schwimmtechniken ist dies die Horizontale. Die Körperposition im Raum nimmt Einfluß auf das Körperschema. Es darf nicht erwartet werden, daß z. B. vom Üben in senkrechter Körperposition der Transfer in die Horizontale stattfindet.

Gewichtung der Informationen

Die Aufeinanderfolge von Informationen für die einzelnen Teilbewegungen ist nach ihrer Bedeutung vorzunehmen.

Wichtiges steht am Anfang; Unwichtiges am Ende einer Informationskette.

Mehrere zeitgleiche Informationen können von Kindern nicht verarbeitet und in Bewegung umgesetzt werden!

Eine zweite Information darf erst gegeben werden, wenn sie die erste in der Bewegung nicht stört.

Fehlerhaft ausgeführte Bewegungen

müssen gesehen und sofort unterbunden werden. Es gilt der

Grundsatz

„Gelerntes sitzt ...
... auch Falsches!"

Üben/Wiederholen von Bewegungen

Bewegungen müssen so häufig wiederholt werden, damit sie Automatisationsniveau (freie Verfügbarkeit) erreichen. Dieser für motorisches Lernen so wichtige Gesichtspunkt wird oftmals „sträflich" vernachlässigt!

Wir müssen davon ausgehen, daß die Wiederholungszahlen nicht im zweistelligen Bereich liegen, sondern im drei-, möglicherweise gar im vierstelligen.

Berücksichtigung der Bewegungsvariation

Unter dem Blickwinkel motorischen Lernens darf dieser Aspekt nicht vergessen werden. Die Möglichkeiten an Variationen hängen von der Struktur der Bewegung und der Umgebung, in der diese stattfindet, ab.

Kopplung zweier Teilbewegungen

Zwei gelernte Teilbewegungen lassen sich nur verknüpfen, wenn beide das ***Niveau der freien Verfügbarkeit (Automatisation)*** erreicht haben.

Streckenlängen beim Üben

sind so zu wählen, daß die Lernenden einerseits in einen Bewegungsrhythmus „hineinschwimmen" können, d. h. keine zu kurzen Strecken wählen, ohne daß andererseits konditionelle Faktoren die Koordinationsfähigkeit negativ beeinflussen (keine zu langen Strecken).

Auf einer 25-m-Bahn eine Bewegungstechnik zu erlernen, kann nicht gutgehen, weil die Strecke zu lang ist! Günstige Streckenlängen liegen bei 10–12 (15) Meter. Unterrichtende haben sich Gedanken zu machen, wie dies bei ihren räumlichen Gegebenheiten umgesetzt werden kann.

Organisationsformen

sind so zu wählen, daß für alle Kinder eine ***hohe Übungsintensität*** sichergestellt wird.

Differenzierung

Unterrichtende müssen in der Lage sein zu ***differenzieren, um leistungsstarken und leistungsschwachen Kindern in gleichem Maß gerecht zu werden.***

Ein möglicher methodischer Weg für das Kraulschwimmen

Teilbewegung 1: Beinbewegung

Korrektur fehlerhafter Bewegungen

Eine ***radfahrähnliche Beinbewegung*** (falsche Bewegungsvorstellung; fehlerhaftes Körperschema) ist nach kurzer Zeit zu korrigieren, wenn erkennbar wird, daß sich die Bewegung durch Üben nicht verbessert.

Möglichkeiten der Korrektur sind:

- Bewegungsführung;
- Demonstration (hilft meistens nicht);
- Einsatz von Schwimmflossen.

Eine hilfreiche Übung zur Bewegungsführung sieht folgendermaßen aus: Der Übende liegt in stehtiefem Wasser in Rückenlage und macht Beinbewegungen. Die Lehrkraft geht neben ihm her, legt knapp oberhalb seiner Knie einen Unterarm aufs Wasser und übt leichten Druck nach unten aus. Dadurch spürt der Übende, daß die Aufwärtsbewegung seiner Beine begrenzt wird. Dieses „Hindernis“ lenkt den Bewegungsimpuls in die richtige Richtung um. Unterstützen kann der zusätzliche sprachliche Hinweis: „Du sollst das Gefühl haben, daß deine Knie steif sind und spüren, daß sich deine Beine ganz im Wasser befinden.“ Für diese Korrekturaufgabe darf der Übende keine Flossen anziehen, weil er dem Korrigierenden davonschwimmt.

Vortriebserzeugung

Wird kein oder nur geringer Vortrieb durch die Beinbewegung erzielt, ist dies Ausdruck einer nicht angepaßten ***räumlichen, zeitlichen und dynamischen Bewegungsstruktur.*** Die taktil-kinästhetische Wahrnehmung und das dazu gehörende Bewegungsmuster sind der Situation nicht angepaßt.

Positive Veränderungen gelingen nur

- ***durch viel Üben.*** Dieser Weg ist nur sinnvoll, wenn Kinder ertragen können, daß sich trotz intensiven Tuns anfangs nur geringe Erfolge einstellen (Motivationslage).
- Der ***Einsatz von Flossen*** ist der bessere Weg. Dieses Hilfsmittel sichert hohe Reize auf die genannten Wahrnehmungssysteme und die dazugehörige Bewegungsstruktur.

Zudem steigt durch die hohe Geschwindigkeit, die mit Flossen erzeugt wird, die Motivation der Kinder. Beobachten läßt sich ein Lerntransfer: Die Bewegung – viel geübt mit Flossen – verbessert die Bewegung ohne Flossen, obwohl sie so nicht durchgeführt wurde.

Einsatz von Schwimmflossen

Gegen den Einsatz von Flossen ist nichts einzuwenden, vor allem bei den zuvor beschriebenen Problemen. Wichtig ist nur zu beachten, daß dieses Hilfsmittel nicht zu lange benutzt wird.

> ***Ziel ist es:***
> ***Ohne Hilfsmittel mit der Beinbewegung guten Vortrieb zu erzeugen!***

Die ***Vorteile von Schwimmflossen*** sind folgende:

- Mit ihnen läßt sich eine weit ***höhere Schwimmgeschwindigkeit*** bereits zu Beginn des Erlernens der Bewegung erreichen, verbunden mit einem ***erheblich größeren dynamischen Auftrieb.***
- Die ***taktil-kinästhetischen Wahrnehmungssysteme erhalten äußerst intensive Reize,*** die sehr hilfreich sind, die Bewegung „auf den richtigen Weg zu bringen".
- Sie eröffnen die Möglichkeit zum ***variantenreicheren Üben der Beinbewegung*** und unterstützen damit den Lernprozeß.
- Sie erzwingen die für die Beinbewegung ***richtige Fußstellung.***

Vorsicht ist geboten mit dem Einsatz von Flossen, wenn eine ***cerebrale Bewegungsstörung,*** ein spastisches Bewegungsmuster, vorhanden ist. Flossen verstärken die Pathologie, d. h. die Innenrotation in den Hüftgelenken und die Plantarflexion der Füße. Es muß das Alter des Kindes, der zeitliche Umfang des Einsatzes von Flossen und die Motivationslage des Kindes in die Überlegung miteinbezogen werden, ob Flossen Verwendung finden können oder ein Verzicht sinnvoller ist!

Hinweis:

Beim Einsatz von Flossen ist zu beachten, daß nicht in derselben Unterrichtseinheit vom Üben mit zum Üben ohne Flossen gewechselt wird. Dies führt beim Lernenden zu einer sensomotorische Überforderung, weil es sich um sog. Kontrastschwimmen handelt, das erst auf fortgeschrittenem Leistungsniveau seinen Platz hat im Rahmen der Koordinationsschulung im Wasser.

Schwimmbrett und Pull-Buoy als Hilfsmittel

Unterstützende Hilfsmittel *in den Händen* (Schwimmbrett, Pull-Buoy) dürfen nur so lange Verwendung finden, wie sie von einzelnen auch wirklich benötigt werden.

> ***Wer intensiv und variantenreich Gleiten erfahren hat, bedarf dieser Hilfsmittel nicht.***

Auf die richtige Handhabung des Schwimmbretts ist zu achten (siehe Hinweise Seiten 111 und 112).

Übungsformen

Statischer Art

oder mit Partnerhilfe, wie

- Sitzen auf dem Beckenrand;
- Stützen mit den Händen auf einer Treppenstufe in Bauchlage (nicht in allen Becken möglich);
- Festhalten an der Überlaufrinne mit einer Hand und dem gleichzeitigen Drücken mit der anderen Hand gegen die Beckenwand (nicht leicht umzusetzen);
- Stützeln auf dem Beckenboden in ganz flachem Wasser;
- von einem Partner durchs Wasser gezogen werden

sind möglich, dürfen aber nicht zu lange gemacht werden. Von diesen Aufgaben darf nur eine als Einstieg gewählt werden, weil sie nur dazu dienen können, die Bewegung kennenzulernen.

Durch solche Übungen erhalten Kinder keinerlei Rückmeldung über die Wirksamkeit ihrer Beinbewegung!

Bei intensiven Erfahrungen mit Wasser, vor allem dem frühen und häufigen Aufenthalt in nicht-stehtiefem Wasser, kann auf diese Aufgabe verzichtet werden.

Dynamischer Art in Bauch- und Rückenlage

Die Wechselbeinbewegung wird ***von Anfang an parallel in Bauch- und Rückenlage*** erlernt.

Haben Kinder Erfahrungen mit nicht-stehtiefem Wasser, lassen sich diese Aufgaben auch in dieser Wassersituation organisieren. Sie hat den Vorteil, daß Kinder auf dem Weg zum Ziel nicht hinstehen können. Bei stehtiefem Wasser müssen sie ständig ermahnt werden, vom Start zum Ziel durchzuschwimmen und nicht hinzustehen!

Hinweise zur Bauchlage:

- Die Arme sind nach vorne gestreckt, die Hände liegen dicht nebeneinander und die Oberarme berühren die Ohren.
- Das Gesicht befindet sich im Wasser mit Blick in Bewegungsrichtung. Es wird ins Wasser ausgeatmet.
- Anfangs darf in flachem Wasser zum Einatmen hingestanden bzw. in nicht-stehtiefem Wasser in der Senkrechten mittels Ausgleichsbewegungen mehrmals eingeatmet werden.

Ziel ist es zu erreichen, daß zum jeweils einmaligen Einatmen die Beinbewegung nicht unterbrochen wird, sondern (verlangsamt) weitergeht!

Kinder, die möglichst schnell Brustschwimmen lernten und wenig Gelegenheit hatten zum Sammeln vielfältiger Erfahrungen mit Wasser, neigen beim Einatmen dazu, die Wechselbeinbewegung zu unterbrechen und durch eine Beinbewegung des Brustschwimmens zu ersetzen. Dies muß unbedingt korrigiert werden!

Hinweise zur Rückenlage:

- Die Ohren befinden sich im Wasser; der Blick ist fußwärts zur Decke gerichtet.
- Der Körper ist gestreckt (kein „Sitzen“ ins Wasser). Die Arme liegen neben dem Körper.
- Die Beinbewegung findet ganz im Wasser. statt. Das Wasser darf nur wenig spritzen. Die Knie können in der Aufwärtsbewegung kurzzeitig etwas aus dem Wasser „schauen“.
- Bei wirkungsvoller Beinbewegung (guter Vortrieb) werden die Arme hinter den Kopf gestreckt (kein gebeugter Ellbogen).

  Die Oberarme berühren die Ohren und die Hände haben Kontakt zueinander.

  Arme und Hände sind ganz ins Wasser eingetaucht. Dies ist wichtig zur Sicherstellung von maximalem Auftrieb.

  Sollen Kinder später Rückenschwimmen erlernen, ist folgende Änderung möglich: Die Oberarme berühren die Ohren. Die Arme sind nach hinten gestreckt und schulterbreit geöffnet. Die Handflächen zeigen nach außen. Diese Handstellung entspricht dem Eintauchen der Hände beim Rückenschwimmen.

Mit Flossen sind die nach hinten gestreckten Arme die Zielform für alle!

Ein ***hilfreicher Zwischenschritt für manche Kinder*** von der Position „Arme neben dem Körper“ zur Position „Arme hinter den Kopf gestreckt“ ist folgender: Die Hände werden ineinandergelegt und der Hinterkopf liegt auf den Handflächen.

Ziel ist es, daß Kinder mit Wechselbeinbewegung in Bauch- und Rückenlage ohne Hilfsmittel problemlos eine Strecke von 10 bis 15 Meter bewältigen!

Weitere Möglichkeiten

Die nachfolgend beschriebenen Aufgaben dürfen Kindern, die keine wirkungsvolle Beinbewegung haben, nur über ganz kurze Strecken (ca. 3–6 Meter) angeboten werden.

Mit Flossen können sie von allen, auch über längere Strecken, geschwommen werden.

- ***Seitenlage:*** Der dem Boden näherliegende Arm ist nach vorne gestreckt. Der andere befindet sich neben dem Körper; seine Hand berührt den gleichseitigen Oberschenkel. Es ist darauf zu achten, daß die Seitenlage eingehalten wird.

  Die Aufgabe wird rechts und links durchgeführt.
- ***Bauchlage unter Wasser:*** Die Arme sind zur Sicherheit nach vorne gestreckt.

Die Aufgabe soll dazu beitragen, daß die Ausatmung intensiviert wird und Kinder erkennen, daß sie nur bei angepaßter Kopfhaltung (Kinn zur Brust) unter Wasser schwimmen können.

- ***In senkrechter Körperposition in nicht-stehtiefem Wasser*** mit am Körper anliegenden Armen.

  Nur die Kinder, die über eine sehr wirkungsvolle Beinbewegung verfügen, können die folgenden Aufgaben ohne Flossen durchführen. Alle anderen ziehen Flossen an.

  Erschwernisse:
  - Kurzzeitig weit aus dem Wasser kommen.
  - Beide Arme aus dem Wasser nehmen und versuchen, kurzzeitig so weit wie möglich aus dem Wasser zu kommen.

  Spielform:

  Durch Beinbewegung den Körper möglichst weit aus dem Wasser bringen. Danach Körperspannung aufnehmen und möglichst senkrecht absinken. Das Absinken durch Ausatmen unterstützen.

  Mit intensiver Beinbewegung wie eine „Rakete" nach oben „schießen" und wieder möglichst weit aus dem Wasser kommen.

  Die Aufgabe kann ergänzt werden: Über Wasser nur einmal Luft holen und danach wieder abtauchen.

  Intensive Ausatmung unterstützt das Absinken.

  Wer bewältigt die Aufgabe zehnmal hintereinander?

- ***In Bauchlage paarweise hintereinander liegen.***

  Der hintenliegende Partner faßt die Unterschenkel seines „Vordermanns" und schiebt ihn mit Wechselbeinbewegung zum Ziel.

  Der „Vordermann" liegt die ganze Zeit in gestreckter Bauchlage; sein Gesicht befindet sich im Wasser. Er darf es nur zum jeweils einmaligen Luftholen aus dem Wasser nehmen (Körperlage).

  Wenn der „Vordermann" mit dem Liegen Probleme hat, bekommt er ein Schwimmbrett in die Hände.

  Am Ziel angekommen, wird gewechselt.

Teilbewegung 2: Armbewegung ohne Einatmung

Wichtige Merkmale

Beim Erlernen der Armbewegung ohne Einatmung müssen die wichtigsten sportmechanischen Merkmale erlernt werden. Diese sind:

- ***Das im Wasser liegende Gesicht mit Blick in Schwimmrichtung. Dabei wird intensiv ins Wasser ausgeatmet*** („Blasen blubbern").

  Muß vor Erreichen des Ziels Luft geholt werden, ist die Armbewegung zu unterbrechen. Nach mehrmaligem Einatmen wird weiter geschwommen. Dies ist konsequent einzuhalten, damit kein falsches „Einatemmuster" entsteht.

- ***„Abschlagschwimmen",*** – im Wechsel liegt immer ein Arm nach vorne gestreckt auf dem Wasser; der andere ist in Bewegung – ist intensiv durchzuführen, weil damit eine ruhige, gleichmäßige Armbewegung zustande kommt.

„Abschlagschwimmen" ist gut zu entwickeln.

Beim Erlernen der Armbewegung kommt ihm die größte Bedeutung zu!

Deshalb muß ihm im Lernprozeß viel Zeit eingeräumt werden.

Es ist darum so wichtig, weil viele Lernende glauben, mit schnellen Bewegungen auch eine schnellere Fortbewegung im Wasser zu erreichen. Da ihre haptisch-taktil-kinästhetischen Erfahrungen und Erkenntnisse noch nicht weit genug fortgeschritten sind, erzielen sie mit diesen unangepaßten, schnellen Bewegungsfolgen geringen Vortrieb. Sie weichen oftmals dem Wasserwiderstand aus. Mit solchen unökonomischen Bewegungen verbrauchen sie viel Kraft. Die Folge ist, daß sie bereits nach wenigen Metern erschöpft sind und die Bewegung abbrechen müssen.

Im Lauf des Lernprozesses wird dieses „Abschlagen" zurückgenommen.

- Zeitlich später, wenn die Information verarbeitet werden kann, ohne zuvor Gelerntes zu stören, wird auf die ***körpernahe Armführung in der Überwasserphase*** – hoher Ellbogen – hingearbeitet. Diese Armführung ist aus sportmechanischer Sicht wichtig, weil Kraftwirkungen vermieden werden, die den Körper aus seiner geradlinigen Fortbewegung bringen und kompensatorische Beinbewegungen – überkreuzende Bewegung – zur Folge haben.

Der ***für Kinder anschaulichste Hinweis*** lautet: „Wenn deine Hand den Oberschenkel berührt hat, fahre mit deinem Daumen die ganze Körperseite entlang bis in die Achselhöhle."

Wurde diese Information durch Üben automatisiert, kann auf die Körperberührung verzichtet werden. Die Armführung über Wasser ist dann körpernah und geradlinig nach vorne gerichtet.

- ***Die Hand muß im Wasser unter dem Körper bleiben,***

weil sich damit bestmöglicher Vortrieb erzeugen läßt.

Auf dieses Merkmal hin werden die Kinder einzeln beobachtet.

Wer dies nicht richtig macht, erhält – sofern vorhanden – eine Taucherbrille, mit dem Hinweis: „Beobachte deine Hände im Wasser. Sie müssen unter dir bleiben." Mit der Taucherbrille kann der Angesprochene die Bewegung seiner Hände gut beobachten und selbst kontrollieren. Stehen keine Taucherbrillen zur Verfügung, kann nur mit sprachlichen Hinweisen gearbeitet werden, die die Umsetzung schwieriger machen.

- ***Der lange Weg der Hand im Wasser vom Ein- bis zum Austauchen*** muß zur Erzeugung von Vortrieb genutzt werden. Um dies zu leisten, bedarf es ausreichender Kraft der entsprechenden Muskeln und -gruppen im Arm-Schulterbereich.

Auch auf dieses Merkmal sind die Kinder einzeln zu beobachten und gegebenenfalls zu korrigieren.

Methodische Hinweise

- Die nachfolgenden Aufgaben sind im Wasser und in Schwimmlage durchzuführen.
- Kinder, deren Beine beim Üben absinken, benötigen eine Auftriebshilfe an den Beinen. Diese kann
  - ein Pull-Buoy zwischen den Oberschenkeln sein
  - oder Schwimmflossen. Beim Tragen von Flossen sind die Beine ruhig zu halten. Sie erzeugen durch die großen „Blätter" dennoch Auf- und Vortrieb, weil sich die Beine aufgrund von Armbewegungen passiv bewegen.

Lernschritte

- ***Demonstration der Armbewegung im Wasser in Schwimmlage in Vorwärtsbewegung;***
  ohne Einatmung und ohne Beinbewegung.
  Gezeigt werden muß „Abschlagschwimmen" mit naher seitlicher Führung der Arme am Körper über Wasser.
  Nach der Demonstration kann die Lehrkraft im Gespräch überprüfen, was die Kinder gesehen haben. Falls erforderlich, werden sie auf die wichtigen zu beobachtenden Punkte hingewiesen. Danach folgt eine zweite Demonstration.
  Wer nicht vormachen kann, weil niemand zur Verfügung steht, ist auf Sprache angewiesen. Dieser Weg ist ungünstiger, weil Sprache nicht immer eindeutige Zuordnungen schafft.
- Nach der Demonstration ***erhalten die Kinder die Aufgabe,*** *das Gesehene selbst zu erproben.*
- Die für die Armbewegung wichtigen Merkmale werden ihrer Bedeutung nach erlernt:

1. Abschlagschwimmen;
2. Hohe Ellbogenführung in der Überwasserphase;
3. Handbewegung unter Wasser bis zum Oberschenkel;
4. Hände bleiben während der Unterwasserphase unter dem Körper.

Bei allen Aufgaben sind die Kinder immer wieder ans Ausatmen ins Wasser zu erinnern. Zum Einatmen wird die Bewegung konsequent unterbrochen. Nach mehrmaligem Einatmen wird weitergeschwommen.

Auf die richtige Wahl der Streckenlänge und die Zahl der Wiederholungen ist unbedingt zu achten!

Teilbewegung 3: Kopplung von Bein- und Armbewegung ohne Einatmung

Die Kopplung von Bein- und Armbewegung soll jedes Kind aufgrund seiner Individualität selbst finden. Korrekturen sind nur vorzunehmen bei zu geringer oder überbetonter Beinbewegung.

Verallgemeinernde Hinweise, wie z. B. Sechser-Beinbewegung, bezogen auf einen Armzyklus, sind zu unterlassen.

Wurden Bein- und Armbewegung durch entsprechende Übungshäufigkeit auf Automatisationsniveau gebracht, ergeben sich bei ihrem Verbinden keine Schwierigkeiten.

Bei der Verbindung beider Teilbewegungen dürfen keine Flossen verwendet werden, da durch ihre hohe Vortriebserzeugung die Armbewegung unter Wasser vernachlässigt werden kann.

Teilbewegung 4:
Einatmung mit Armbewegung

Auf die erlernte Armbewegung wird das Einatmen zeitlich abgestimmt.

Dieses Lernziel ist nur zu erreichen, wenn das Atemverhalten im Wasser ein ganz sicheres Niveau erreicht hat!

Wissen Unterrichtende um die Bedeutung des Atemverhaltens im Wasser und arbeiten stetig und konsequent darauf hin, ergeben sich keine Probleme.

Wurde dies vernachlässigt, bewältigen die Kinder die gestellten Aufgaben nicht. Das Fehlende ist dringend nachzuholen.

Im häufig mangelhaften Atemverhalten liegt auch die Ursache für die unbegründete Aussage, daß mit Kraulschwimmen keine Ausdauerleistungen erreicht werden können!

Schwimmflossen erleichtern die Verwirklichung dieses Lernziels ganz erheblich! Für diese Teilbewegung sind sie dringendst anzuraten. Durch das Erzielen einer höheren Schwimmgeschwindigkeit nimmt der dynamische Auftrieb zu. Damit wird die Einatmung wesentlich erleichtert.

Hinweise:

- Um diese Teilbewegung richtig zu erlernen, muß die Kopfhaltung richtig sein. Die zu tiefe Kopfhaltung mit dem Blick zum Beckenboden erschwert das Freiwerden des Mundes zum Einatmen.
- Kopf (und Oberkörper) dürfen zum Einatmen nur zur Seite gedreht werden – Drehung um die Körperlängsachse. Der Hinweis an die Kinder lautet: „Ihr sollt beim Drehen des Kopfes spüren, daß sich euer untenliegendes Ohr im Wasser befindet."
- Nach dem Einatmen darf der Kopf keinesfalls nach vorne angehoben werden. Dieser Fehler ist oft zu beobachten. Er ist umgehend zu korrigieren, weil damit die Bewegungsfähigkeit im Schultergelenk für die Armbewegung eingeschränkt wird.

Methodische Reihung

- ***Beinbewegung in Bauchlage mit Schwimmflossen.***

  Ein Arm liegt nach vorne gestreckt im Wasser; der andere befindet sich neben dem Körper. Bei der Einatmung nach rechts liegt der rechte Arm neben dem Körper; der linke ist nach vorne gestreckt. Beim Einatmen nach links ist die Armstellung genau umgekehrt.

Anfangs wird zum Einatmen der ganze Körper um die Längsachse zur Seite gedreht (Überbetonung) und dabei einmal eingeatmet. Nach der Einatmung erfolgt das Zurückdrehen von Körper und Kopf in die Bauchlage.

Diese anfangs übertriebene Drehung zum Einatmen wird im Laufe des Lernprozesses reduziert.

Die Kinder sollen das Einatmen nach links und rechts erproben, um ihre starke Atemseite zu finden.

Die Länge der Schwimmstrecke ist so zu wählen, daß anfangs drei- bis viermal eingeatmet werden kann. Es kann durchaus sinnvoll sein, eine Mindestzahl an Einatmungen vorzugeben, weil Kinder oftmals den Ehrgeiz besitzen, mit möglichst wenig Einatmungen das Ziel zu erreichen. Dies widerspricht jedoch der Zielsetzung. Unter Umständen muß ihnen der Sinn der Aufgabe erklärt werden.

Diese Aufgabe in nicht-stehtiefem Wasser durchzuführen hat den Vorteil, daß zum Einatmen nicht hingestanden werden kann!

- Eine ***erweiterte Aufgabenstellung lautet:*** Die nächste Einatmung erfolgt zur anderen Seite. Dafür muß im Wasser die Armstellung verändert werden.

  Diese Veränderung versuchen nur die Kinder, die mit der Einatmung nach beiden Seiten keine Probleme haben.

- ***Kraularmbewegung mit Einatmung; ohne oder mit Schwimmflossen.***

  Zunächst wird nur auf jede zweite Armbewegung der Einatemseite Luft geholt. Somit können die Kinder noch viel Luft ins Wasser ausatmen und sich relativ lange auf die nächste Einatmung vorbereiten.

  Ein unterstützender, zusätzlicher Hinweis lautet: Durch das „Fenster" zwischen Ober- und Unterarm schauen bzw. die Hand oder den Unterarm anschauen.

  Wird die Aufgabe ohne Flossen durchgeführt, erhalten die Kinder, deren Beine absinken, einen Pull-Buoy als Auftriebshilfe zwischen die Oberschenkel.

  Bei Verwendung von Flossen dürfen die Kinder keine aktive Beinbewegung machen.

  Koordinativ gute Kinder versuchen, auch zur anderen Seite einzuatmen. Dabei darf allerdings die Qualität der Armbewegung und Einatmung nicht leiden.

Die Zielform für alle heißt: Zweier-Atemrhythmus, d. h. es wird auf jede Armbewegung der Atemseite eingeatmet.

Kraulschwimmen

Die gelernten Teilbewegungen Beine, Arme und Einatmung werden miteinander verbunden.

Dabei dürfen ***keine Schwimmflossen*** verwendet werden!

Anfangs kann nur auf jede zweite Armbewegung der Atemseite eingeatmet werden.

Die Zielform für alle heißt:

Zweier-Atemrhythmus.

Koordinativ und konditionell leistungsstarke Kinder können versuchen, im Dreier-Atemrhythmus einzuatmen, wenn sie dies bereits bei der Teilbewegung „Einatmung" gelernt haben.

Ergänzungen

Unter dem Gesichtspunkt der koordinativen Förderung lassen sich die folgenden Aufgaben für den angesprochenen Altersbereich integieren:

- ***Vollständig im Wasser ausgeführte Armbewegung,*** d. h. die sog. Rückholphase der Arme geschieht nicht über, sondern im Wasser.
- ***„Enten"-Schwimmen:*** Arme und Hände führen nur den letzten Teil der Armbewegung im Wasser, die „Druckphase" aus. Die Hände werden im Wasser in die Ausgangsstellung zurückgeführt.

Beide Aufgaben können in die TB 2 oder ins Kraulschwimmen eingefügt werden. Bei der ersten Variante müssen die wichtigsten Merkmale der Armbewegung sicher erlernt worden sein.

11.3 Rückenschwimmen

Das ***Rückenschwimmen*** – eine Wechselzugtechnik – ***weist viele strukturähnliche Merkmale wie das Kraulschwimmen auf.***

Da die Rückenlage im Wasser eine ***weniger günstige Position*** *im Wasser* ist als die Bauchlage (deutlich sichtbar beim ruhigen Liegen im Wasser; absinken der Beine), ***bedarf es*** beim Rückenschwimmen ***mehr an Beinbewegung*** als beim Kraulschwimmen.

Die Armbewegung ist gekennzeichnet durch eine nahezu ständige 180°-Phasenverschiebung.

Der ***Kopf liegt ruhig im Wasser;*** der Blick ist in fußwärtiger Richtung zur Decke gerichtet. Er darf nicht in die Rollbewegung des Körpers um die Längsachse mit einbezogen werden.

Diese Rollbewegung wird beim Erlernen des Rückenschwimmens außer acht gelassen, da die Gefahr von übertriebenem Rollen groß ist; was sich ungünstig auf die Schwimmtechnik auswirkt. Auf fortgeschrittenem Leistungsniveau wird sie aus sportmechanischer Sicht allerdings wichtig.

Das Rückenschwimmen wird oft als einfach zu erlernen beschrieben!

Begründet wird dies vor allem damit, daß es keine Atemprobleme gäbe. ***Diese Aussage ist aus drei Gründen falsch:***

- ***Der austauchende Arm nimmt viel Wasser mit,*** das auf dem Weg hinter den Kopf abläuft und den Schwimmer bei richtiger, d. h. körpernaher Armführung über Wasser im Gesicht „trifft“. Damit muß er zurechtkommen.

Bei falscher, seitwärts vom Körper wegführender Armbewegung, bleibt das Gesicht zwar von Wasser verschont, aber so dürfen Kinder das Rückenschwimmen nicht erlernen.

- Mit dem ersten und wichtigsten Schritt beim Erlernen der Armbewegung, dem ***„Abschlagschwimmen“ hinter dem Kopf,*** tun sich Kinder lange Zeit schwer.
- Die ***Orientierung ist erschwert,*** weil der Schwimmer nicht sieht, wohin er schwimmt.

Das Rückenschwimmen muß zum Erlernen – wie das Kraulschwimmen auch – ***in Teilbewegungen gegliedert werden.***

Dabei sind die Teilbewegungen (TB) 1 und 2 der folgenden Abbildung austauschbar. Über die Reihenfolge entscheidet die Lehrkraft.

TB 1 ***Beinbewegung*** ***(identisch Kraulschwimmen)***	***Vielseitig in Bauch-, Rücken- und Seitenlage, sowie in der Senkrechten; mit und ohne Schwimmflossen.***

↓

TB 2 ***Armbewegung***	***1. Abschlagschwimmen hinter dem Kopf.*** ***2. Arme körpernah über Wasser vom Aus- bis zum Eintauchen*** ***3. Richtiges Austauchen der Hände aus dem Wasser.*** ***4. Richtiges Eintauchen der Hände ins Wasser.*** ***5. Langer Weg der Hände vom Ein- bis zum Austauchen.*** ***6. Abwärtsbewegung der Hände am Ende der Bewegung im Wasser.*** ***7. Rollbewegung um die Körperlängsachse ohne Mitbewegen des Kopfes.*** ***8. Richtige Bewegung der Arme unter Wasser (äußerst schwierig).***
Die Zahlen 1. bis 5. stehen für die Reihenfolge beim Erlernen der Armbewegung. Die unter den Zahlen 6. bis 8. aufgeführten Technikmerkmale werden wegen ihrer koordinativen Ansprüche erst nach dem Grundschulalter erlernt.	

↓

Rückenschwimmen

Abb. 42:

Hinweise:

- Die für das Kraulschwimmen formulierten methodisch-organisatorischen Hinweise haben auch Gültigkeit für das Erlernen des Rückenschwimmens.
- Für die Beinbewegung gelten dieselben Aussagen und Aufgabenstellungen wie sie für das Kraulschwimmen beschrieben wurden.

Armbewegung

Hinweise:

- Die Kinder müssen lernen, gleichmäßig ein- und auszuatmen.
- Stehen keine ***Flossen*** zur Verfügung, erhalten die Kinder, deren Beine absinken, einen Pull-Buoy zwischen ihre Oberschenkel.

  Die Verwendung von Flossen ist anzuraten, da sie auch ohne aktive Beinbewegung dynamischen Auf- und Vortrieb erzeugen. Sie schaffen damit eine das Lernen erleichternde Situation.

Lernschritte

- ***Der wichtigste Lernschritt*** beim Erlernen der Armbewegung ist das ***„Abschlagschwimmen“:***

  Im Wechsel liegt ein Arm gestreckt in Verlängerung der Schulter im Wasser. Dabei ist darauf zu achten, daß dessen Oberarm das Ohr berührt; für Kinder eine gute taktile Selbstkontrolle. Die Handfläche zeigt zur Decke.

  Die Kinder sollen spüren, daß die Hand, die in Bewegung ist, sich auf die im Wasser ruhig liegende Hand legt.

  Dann beginnt der bislang ruhig liegende Arm seine Bewegung.

  Dieses „Abschlagschwimmen“ fällt, wie bereits erwähnt, Kindern am Anfang schwer. Sie benötigen viel Zeit und Übung zur Verwirklichung der Aufgabe.

  Der Methodik des Kraulschwimmens vergleichbar wird das „Abschlagschwimmen“ später in eine gleichmäßige, ruhige Armbewegung übergeleitet.

- Als nächstes wird die ***körpernahe Bewegung der Arme über Wasser*** erlernt.

  In der Regel stellt sich diese körpernahe Bewegung durch das „Abschlagschwimmen“ ein, so daß nicht darauf eingegangen werden muß.

  Kinder können – sofern erforderlich – den zusätzlichen Hinweis erhalten: „Ihr sollt eure Arme über Wasser möglichst lange sehen und spüren, daß der Oberarm des Arms, der sich außerhalb des Wassers bewegt, das gleichseitige Ohr berührt.“

- Die ***dritte*** und ***vierte Information*** betreffen
  - das ***Austauchen der Hände aus dem Wasser*** und

    Eintauchen der Hände ins Wasser.

Beim Austauchen der Hand verläßt zuerst der Daumen das Wasser.

Die Hand taucht zuerst mit der Kleinfingerseite ins Wasser ein.

Hinweis:

Die koordinativ leistungsfähigeren Kinder können – jedoch erst ab der Klassenstufe vier – unter Umständen ein weiteres Merkmal der Armbewegung erlernen: den letzten Bewegungsteil der Armbewegung im Wasser: Erreicht die Hand den Oberschenkel wird sie so gedreht, daß die Handfläche zum Beckenboden zeigt und die Hand eine zum Beckenboden gerichtete Bewegung von etwa 30 Zentimetern macht. Danach taucht die Hand mit dem Daumen zuerst aus dem Wasser.

Der methodisch beste Weg ist die gleichzeitige Bewegung beider Arme, der „Gleichzug"; das „Altdeutsche" Rückenschwimmen.

Kopplung von Bein- und Armbewegung

Die Hinweise für das Kraulschwimmen haben auch Gültigkeit für das Rückenschwimmen. Eine zu intensive Beinbewegung muß vermindert werden; zu geringe Beinbewegung ist zu verstärken.

Dies hat die Lehrkraft am einzelnen zu beobachten und – wenn notwendig – zu korrigieren.

11.4 Brustschwimmen

Auch das Brustschwimmen ist, wie alle anderen Schwimmtechniken, durch seine Komplexität *in Teilbewegungen zu gliedern.* Das Erlernen dieser Schwimmtechnik kann auf drei Wegen stattfinden, die gleichberechtigt nebeneinander stehen (Abb. 43; Seite 139).

Dabei gibt es keine stichhaltigen Gründe für die Bevorzugung des einen oder anderen Wegs. Die Entscheidung liegt bei der Lehrkraft.

Hinweise:

- Auch für das Erlernen des Brustschwimmens gelten die methodisch-organisatorischen Hinweise, die für das Kraulschwimmen formuliert wurden.
- Eine *Ausnahme* stellt die ***Informationsvermittlung*** dar. Bei dieser Schwimmtechnik dominiert die ***Führung der Bewegung*** durch die Lehrkraft. Das Bewegungssehen spielt dagegen nur eine untergeordnete Rolle. Dies gilt im besonderen für das Erlernen der ***Beinbewegung.*** Lehrkräfte sind deshalb gefordert, weil sich keine Fehler entwickeln dürfen, wie z. B. die „Schere", die später nicht mehr oder nur unter großen zeitlichen Anstrengungen, die der schulische Schwimmunterricht nicht zuläßt, zu beseitigen sind. Deshalb müssen ***Lehrkräfte*** beim Erlernen dieser Schwimmtechnik ***oftmals mit im Wasser*** sein.

  Hier entsteht ein ***Konflikt: Erlasse von Schulbehörden einiger Bundesländer*** besagen, daß Lehrkräfte nur dann im Wasser sein dürfen, wenn sich die Schüler außerhalb des Wassers befinden. Am Beispiel des Brustschwimmens wird deutlich, ***daß derartige Verbote keinen Sinn machen!***

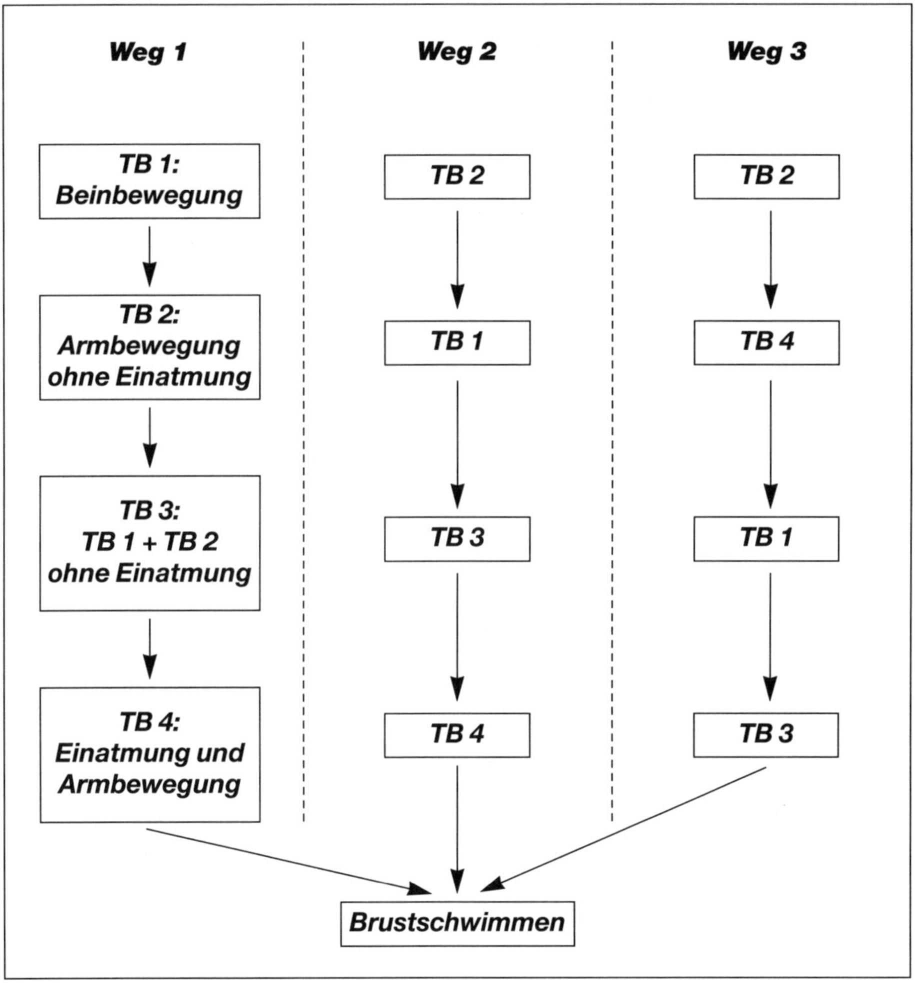

Abb. 43: Vermittlungsstrategien des Brustschwimmens.

Wichtig in einer solchen Situation ist es, ***durch Maßnahmen organisatorischer Art die Sicherheit aller Kinder zu gewährleisten! Unterrichtende benötigen für die Umsetzung methodischer Notwendigkeiten eigenen Entscheidungsspielraum*** und nicht die Vorgaben von Personen, die nie Schwimmunterricht erteilt haben!

Der methodische Weg zum Brustschwimmen

(dargestellt anhand von Weg 1 der Seite 139)

Teilbewegung 1: Beinbewegung

Hinweise:

- Beim Erlernen der Beinbewegung muß *in der* ***Anfangsphase intensiv die Bewegung im Wasser durch die Lehrkraft geführt werden.***

  Die Demonstration reicht nicht aus, weil die Gefahr besteht, daß sich schwerwiegende Fehler entwickeln können. Diese Bewegungsführung kann nur durch die Lehrkraft erfolgen.

  Kinder In Gruppenarbeit damit zu beauftragen macht keinen Sinn. Sie sind überfordert.

- Die ***Beinbewegung ist von Beginn an im Wasser in horizontaler Körperlage*** zu erlernen.
- Ihre ***Einführung*** kann ***sowohl in Bauch- als auch in Rückenlage*** geschehen. Die Praxis zeigt, daß Kinder in der Rückenlage besser damit zurechtkommen.

  Der Zugang über die Rückenlage schafft keine Transferprobleme in die Bauchlage.

Die Beinbewegung darf nicht in enger Oberschenkelstellung erlernt werden, weil dadurch Bänder und Menisken der Kniegelenke stark beansprucht werden (UNGERECHTS, 1988).

- Bereits beim Beugen in Knie- und Hüftgelenken werden die Oberschenkel wenigstens hüftbreit, besser noch weiter geöffnet. Dies ist ein Kompromiß zwischen strömungsmechanischen und gesundheitlichen Gesichtspunkten zugunsten der letztgenannten.

  Im Leistungsbereich in Vereinen, die Schwimmsport treiben, vor allem bei Schwimmern mit der Haupttechnik Brustschwimmen, erhält dieser Gesichtspunkt, bedingt durch die Trainingshäufigkeit, ein noch stärkeres Gewicht, da negative Wirkungen möglicherweise erst Jahre später in Erscheinung treten. Der Sport sollte es sich nicht erlauben, der Leistung wegen präventive Gesundheitsaspekte außen vorzulassen!

- Bereits bei der Bewegungsführung müssen Kinder erfahren, daß ***nach Beendigung der Beinbewegung eine Gleitphase*** einzuhalten ist. Sie sollte anfangs übertrieben lang sein; im Laufe des Lernfortschritts wird sie verkürzt, jedoch nie ganz aufgegeben.

Übertrieben lange Gleitphasen sind ein durchgängiges Prinzip beim Lernen aller Schwimmtechniken!

Keine Gültigkeit hat diese Aussage für die Wechsel- und Delphinbeinbewegung.

- Bei ***Aufgaben in Bauchlage*** befindet sich das ***Gesicht im Wasser mit Blick in Schwimmrichtung.***

Dabei wird ***intensiv ausgeatmet*** („Blasen blubbern“).

Zum Einatmen darf anfangs die Bewegung unterbrochen werden. Nach mehrmaliger Einatmung wird weitergeschwommen.

Ziel ist es, daß die Kinder lernen, ihre Beinbewegung während der Einatmung nicht zu unterbrechen!

- *Eine* ***asymmetrische Beinbewegung****,* die sog. ***„Schere“,*** die laut Wettkampfbestimmungen nicht zulässig ist, ***muß beim Erlernen unbedingt vermieden werden!***

  Sie kann ***folgende Ursachen*** haben:

  - ***Nachlässigkeit bei der Vermittlung*** der Beinbewegung durch die Lehrkraft weil sie z. B.

    die ***Bewegung*** in der Anfangsphase ***nicht führte*** oder

    sie zugelassen hat, daß Kinder ***während der Beinbewegung den Kopf zur Seite gedreht*** haben, weil sie Wasser im Gesicht vermeiden wollten oder

    bei einzelnen Kindern noch Unsicherheit dem Wasser gegenüber bestand und sie deshalb einen Fuß möglichst nahe am Beckenboden haben wollten, um bei vermeintlicher Gefahr schnell festen Boden unter die Füße zu bekommen.

  - Kinder mit ***Anomalien in den Hüftgelenken*** oder ***Problemen in den Kniegelenken*** dürfen ***diese Bewegung nicht erlernen.*** Sie ist für sie kontraindiziert. Sie müssen die Wechselbeinbewegung erlernen. Entweder verzichtet man bei ihnen ganz auf das Brustschwimmen oder sie erlernen z. B. die Mischtechnik Brustarmzug und Wechselbeinbewegung.

- Das ***Anziehen der Fußspitzen in Richtung Schienbein während der Vortriebsphase*** – der Schwung der Beine über außen – ist ***anfangs zu vernachlässigen.*** Die Erfahrung lehrt, daß viele Kinder diese Fußstellung auch ohne einen Hinweis richtig ausführen.

  Kinder, bei denen die gegenteilige Bewegung der Füße, d. h. Fußstreckung, zu sehen ist, haben meist motorische Steuerungsprobleme. Der zeitliche Aufwand zur Korrektur dieser fehlerhaften Bewegung ist in der Regel sehr hoch und kann bei den organisatorischen Bedingungen des Schulschwimmens nicht geleistet werden! Das Ergebnis und die darauf verwendete Zeit stehen in keiner annehmbaren Beziehung. Diese Kinder sollten Brustschwimmen nicht erlernen.

Hinweise zur Bewegungsführung in Rückenlage:

Die Unterschenkel werden fußnah gefaßt und so lange abwärts bewegt – beugen in den Knien – bis sie die Senkrechte erreicht haben. Dabei werden die Oberschenkel geöffnet. In einer kreisförmigen Bewegung werden die Beine über außen zur Streckung gebracht und geschlossen.

Mit Beginn der kreisförmigen Bewegung sind bei richtiger Ausführung die Fußspitzen in Richtung der Schienbeine angezogen. Nur damit wird die Bewegung richtig vortriebswirksam.

Dem Schließen und Strecken der Beine folgt eine lange Gleitphase, damit der erzeugte Vortrieb intensiv wirken kann.

Die methodischen Schritte

- Intensive ***Bewegungsführung in Rücken- oder Bauchlage*** durch die Lehrkraft, z. B.
  - an der Treppe;
  - an der Überlaufrinne.

  Wer eine breite Treppe hat, wie sie in vielen Lehrschwimmbecken vorhanden ist, sollte diese nutzen.

- ***Beinbewegung in Rückenlage; mit oder ohne Schwimmbrett.***

  (Diese Aufgabe entfällt, wenn mit der Bauchlage begonnen wird).

  Werden Bretter verwendet, ist auf die richtige Handhabung (siehe Hinweise auf den Seiten 111 und 112) zu achten.

  In Rückenlage dürfen beim Beugen der Knie diese kurzzeitig etwas aus dem Wasser „schauen".

  Ein ***für die Kinder wichtiger Hinweis*** lautet: „Ihr sollt versuchen, mit möglichst wenig Beinbewegungen das vorgegebene Ziel zu erreichen". Dies bewirkt, daß nach Beendigung der Beinbewegung die gewünschte lange Gleitphase entsteht und der Krafteinsatz zeitlich-räumlich-dynamisch stetig verbessert wird.

  Sind bei der Bewegungsausführung bei einzelnen Kindern ***Fehler erkennbar, muß sofort wieder zur Bewegungsführung zurückgekehrt werden.***

- ***Beinbewegung in Bauchlage mit und ohne Schwimmbrett.***

  In Bauchlage befindet sich das ***Gesicht im Wasser*** und es wird intensiv ***ins Wasser ausgeatmet.***

  Haben Kinder vielfältige Erfahrungen mit dem Gleiten sammeln können, benötigen sie bei der Beinbewegung kein Brett.

  Beim Schwimmen ***ohne Brett*** sind die ***Arme nach vorne gestreckt*** und die ***Hände haben Kontakt.***

  Die ***Beugung in den Hüftgelenken*** darf ***nicht zu groß*** werden. Ein Winkel von 90° zwischen den Oberschenkeln und dem Oberkörper erhöht den Strömungswiderstand ganz erheblich. Die Hüftbeugung ist unerläßlich, damit beim Anfersen der Beine in Richtung Gesäß und mit dem Beginn der nachfolgenden vortriebserzeugenden Bewegungsphase die Füße ganz im Wasser verbleiben.

  Auch in Bauchlage bekommen die Kinder den Hinweis, mit möglichst wenig Beinbewegungen das vorgegebene Ziel zu erreichen.

Teilbewegung 2:
Armbewegung ohne Einatmung

Beim Erlernen der Armbewegung müssen die ***folgenden Merkmale in der dargestellten Reihenfolge*** – Gewichtung entsprechend ihrer Bedeutung – erlernt werden.

- ***Kurze Armbewegung*** nach hinten, die auf Schulterhöhe endet.

  Erreichen läßt sich dies z. B. durch das ***Liegen in Bauchlage auf dem Beckenumgang*** mit Blick zum Wasser. Kopf, Arme und Schultern befinden sich über dem Wasser. Die Beckenwand begrenzt die Armbewegung nach hinten und macht den Kindern den Umfang der Bewegung deutlich.

  Die beste Situation ist gegeben, wenn der Beckenumgang und das Wasser gleiches Höhenniveau aufweisen.

  Eine ***alternative Aufgabe*** ist das ***Üben in 3er- oder 4er-Gruppen im Wasser*** mit Holzstäben, den Kunststoffrohren der Schwimmsprossen, mit Leerrohren aus dem Baustoffhandel oder etwa einen Meter langen Rundhölzern.

  Zwei halten den Stab bzw. das Rohr am rechten und linken Ende. Der Dritte legt sich in gestreckter Bauchlage so über den Stab, daß sich dieser unter seinen Achseln befindet. Dadurch wird die Armbewegung nach hinten begrenzt.

  Während des Übens befindet sich das Gesicht im Wasser und es wird ins Wasser ausgeatmet.

  Zum Einatmen muß die Bewegung unterbrochen werden. Darauf haben Unterrichtende zu achten, damit kein falsches „Einatemmuster" entsteht. Zum Luftholen stellen sich die Kinder hin, atmen mehrmals ein und wiederholen die Aufgabe mehrmals.

  Kinder, deren Beine absinken, bekommen einen Pull-Buoy zwischen die Oberschenkel.

- Die Armbewegung wird in der Schwimmlage, d. h. der Horizontalen und in Fortbewegung geübt.

  Kinder, deren Beine absinken, erhalten einen Pull-Buoy zwischen ihre Oberschenkel.

  Die ***günstigste Schwimmstrecke zum Üben*** – auch für die folgenden Aufgaben – liegt zwischen ***6 und 10 Metern.***

  Wer vor dem Erreichen des Ziels einatmen muß, unterbricht konsequent seine Armbewegung, atmet einige Male ein und schwimmt den Rest der Strecke zu Ende.

  Diese Aufgabe kann in stehtiefem und nicht-stehtiefem Wasser organisiert werden.

  Beim Üben in nicht-stehtiefem Wasser – dies ist möglich, wenn Kinder Erfahrungen mit dieser Wassersituation gemacht haben – werden zum Einatmen am Ort unterstützende Bein- und Armbewegungen ausgeführt.

  Kinder, deren Armbewegung hinter die Schulter geht, sind sofort zu korrigieren. Dies kann durch sprachliche Hinweise erfolgen; meist ist jedoch die zuvor beschriebene Aufgabe – auf dem Beckenrand liegend – zu wiederholen.

Die ***weiteren wichtigen Bewegungskriterien*** werden ***in der dargestellten Reihenfolge*** erlernt:

- Die lange ***Gleitphase nach der Beendigung der Armbewegung.*** Die

Arme bleiben dabei lange gestreckt liegen. Die Kinder können die zusätzliche Aufgabe erhalten, mit Beginn der Streckung beider Arme, z. B. auf drei zu zählen und erst danach die nächste Armbewegung zu beginnen.

Diese lange Gleitphase ist für die Kinder so bedeutsam, damit sie eine ruhige und effektive Armbewegung entwickeln können. Die Gleitphase wird mit fortschreitendem Lernprozeß – vergleichbar dem Kraul- und Rückenschwimmen – reduziert, jedoch nie ganz aufgegeben.

- Mit ***Beginn der Armbewegung*** werden die ***Handflächen nach außen gedreht.*** Die ***Bewegung der Arme ist seitwärts-abwärts*** gerichtet.
- Am ***Ende der vortriebserzeugenden Phase,*** d. h. die Arme sind unter den Schultern, ***berühren sich die Hände*** und ***behalten den Kontakt*** bis die Arme gestreckt sind.

In dieser Lernphase und in diesem Altersbereich spielen zwei Merkmale der Armbewegung keine Rolle:

- die Stellung der Hände und Finger;
- das dynamische Unter-den-Körper-bringen der Arme (Gesetzmäßigkeit nach BERNOULLI).

Teilbewegung 3: Koppelung von Arm- und Beinbewegung ohne Einatmung

Das Zusammenfügen der beiden erlernten Teilbewegungen darf erst dann erfolgen, wenn ***jede Teilbewegung*** durch viel Üben ***Automatisationsniveau,*** d. h. die freie Verfügbarkeit erreicht hat.

Wurde dieser Gesichtspunkt beim methodischen Vorgehen beachtet, ergeben sich in der Regel bei der Kopplung beider Teilbewegungen keine Probleme.

- Die Kinder erhalten die ***Aufgabe, Arme und Beine miteinander zu bewegen*** und ***nach einer vollständigen Gesamtbewegung lange zu gleiten.***
  Die ***Länge der Übungsstrecke*** sollte 10 bis 15 Meter betragen. Muß vor dem Erreichen des Ziels eingeatmet werden, ist die Bewegung konsequent zu unterbrechen. Nach mehrmaligem Einatmen wird weitergeschwommen.
  Die Lehrkraft beobachtet jedes Kind beim Schwimmen. Treten bei einzelnen Schwierigkeiten auf, ist zu überlegen, ob bei ihnen die Automatisation einer oder beider Teilbewegungen noch nicht erreicht ist. Dies läßt sich durch ***Schwimmen unter Zeitdruck*** überprüfen, d. h. das betreffende Kind schwimmt eine vorgegebene Strecke in jeweils einer Teilbewegung so schnell wie möglich. Zeigt sich dabei, daß eine oder gar beide Teilbewegungen nicht gefestigt sind – erkennbar an der Bewegungsqualität –, muß an der entsprechenden Teilbewegung „nachgebessert“ werden.

Zeigen sich – obwohl beide Teilbewegungen in Ordnung sind – Probleme bei der Kopplung, können ***folgende Zusatzaufgaben hilfreich*** sein:

- ***Drei Armbewegungen*** werden ohne Einatmung ausgeführt. Dabei bleiben die Beine gestreckt und ruhig. ***Danach*** erfolgen ***drei Beinbewegungen.*** Die Arme sind gestreckt und ruhig. Es folgen wiederum drei Armbewegungen usw.

Zum mehrmaligen Einatmen wird die Bewegung konsequent unterbrochen und danach von Neuem begonnen.

- Die Aufgabe ändert sich: ***Auf zwei Armbewegungen folgen zwei Beinbewegungen.*** Dann wieder zwei Armbewegungen, gefolgt von zwei Beinbewegungen usw.
- Im nächsten Schritt folgt ***einer Armbewegung eine Beinbewegung.*** Zwischen beide Bewegungen wird eine Gleitphase geschaltet. Nach der Beinbewegung erfolgt wieder eine Gleitphase.
- Die letzte Aufgabe heißt: ***Einer Armbewegung schnell eine Beinbewegung folgen lassen und danach lange gleiten.*** Dasselbe wird so oft wie möglich auf der Schwimmstrecke wiederholt.

Teilbewegung 4:
Armbewegung mit Einatmung

Beim Erlernen dieser Teilbewegung ***kommt dem Atemverhalten*** eine ***große Bedeutung zu.*** War das Atemverhalten oft Inhalt von Schwimmstunden, wurde eine gute Grundlage geschaffen und die folgenden Aufgaben lassen sich problemlos erlernen.

Haben dagegen Lehrkräfte dem Atemverhalten im Wasser keine oder zu wenig Aufmerksamkeit gewidmet, können die jetzt gestellten Aufgaben von den Kindern nicht umgesetzt werden oder sie kompensieren, indem sie beim Schwimmen das Gesicht über Wasser halten. Dies darf aber keinesfalls zugelassen werden!

Die methodischen Schritte

- Die Kinder ***gehen durchs flache Wasser,*** ihre Arme befinden sich neben oder hinter dem Körper. Das Gesicht ist im Wasser und sie atmen ins Wasser aus.

  Zum Einatmen wird der Kopf nur so weit angehoben, daß der Mund gerade außerhalb des Wassers ist, um einatmen zu können. Dabei dürfen sie nur einmal einatmen. Danach muß ihr Gesicht sofort wieder zurück ins Wasser.

Zu vermeiden ist das Herausheben des Oberkörpers aus dem Wasser während der Einatmung.

- ***Demonstration der richtigen Einatmung*** – abgestimmt auf die Armbewegung – ***durch Vorschwimmen,*** verbunden mit langem Gleiten in gestreckter Körperposition.

Hinweis:

Eingeatmet wird, wenn die Arme auf dem Weg nach innen zur Körpermitte sind.

- ***In Schwimmlage und Fortbewegung Armbewegungen ohne Beinbewegung ausführen.***

  Zunächst wird ***nur auf jede dritte Armbewegung eingeatmet.***

Nach Beendigung jeder Armbewegung ist auf das ***Einhalten der Gleitphase*** zu achten.
Durch die lange Zeit, die zwischen den einzelnen Einatmungen liegt, haben die Kinder viel Zeit, um genügend Luft ins Wasser ausatmen zu können und sich auf die nächste Einatmung vorzubereiten.
Kinder, deren Beine absinken, erhalten einen Pull-Buoy zwischen die Oberschenkel.

- ***Auf jede zweite Armbewegung wird eingeatmet.***

> ***Die Zielform für alle heißt: Einatmen auf jede Armbewegung!***

Hinweis:

Die Wettkampfbestimmungen für das Brustschwimmen besagen, daß bei jeder Armbewegung einzuatmen ist. Davon ausgenommen ist der Tauchzug nach Start und Wende.

Teilbewegung 5: Brustschwimmen

Arm- und Beinbewegung sowie die Einatmung werden miteinander verbunden.

Anfangs kann dies wieder ***mit verminderter Einatmung*** geschehen. Es wird auf jede dritte, dann auf jede zweite Armbewegung eingeatmet.

> ***Die Zielform für alle heißt:***
> ***Einatmen auf jede Armbewegung!***

Schlußbemerkung

Aus orthopädischer Sicht ist Brustschwimmen eine äußerst ungünstige Schwimmtechnik, weil

- Scherbelastungen mit starker Beanspruchung der Menisken und Bänder auf die Kniegelenke wirken.
- Die Lordose der Lendenwirbelsäule nimmt durch die Beinbewegung zu.

  Bleibt während dem Schwimmen das Gesicht ständig über Wasser, verstärkt sich die Lordosierung. Verspannungen von Muskeln und Muskelgruppen im Nacken-Schulterbereich sind unausweichlich.

> ***Brustschwimmen ist für die Fortbewegung im Wasser zur Gesundheitsprophylaxe untauglich!***

> ***Bewegung im Wasser wird als gesund eingestuft. Diese Tatsache ist bekannt und richtig; vorausgesetzt geeignete Bewegungen kommen zur Anwendung!***

- Durch den wirkenden Auftrieb und die horizontale Schwimmlage werden die Gelenke entlastet und können damit unter erleichterten Bedingungen bewegt werden.
- Der Kältereiz des Wassers bewirkt ein Training der Blutgefäße mit der Folge, daß der Körper abgehärtet wird und besser gegen Erkältungskrankheiten gefeit ist.

Zurecht gehen deshalb auch viele Erwachsene regelmäßig Schwimmen. Dabei bedienen sich aber fast alle des Brustschwimmens, weil sie keine andere Bewegungstechnik beherrschen. Die meisten führen diese dann auch noch so aus, daß ihr Gesicht ständig über Wasser bleibt. Damit wird dem eigentlichen Ziel des Schwimmbadbesuchs kräftig entgegengewirkt. Hätten diese Erwachsenen Kraul- oder Rückenschwimmen oder die Armbewegung des Brustschwimmens, kombiniert mit Wechselbeinbewegung gelernt, könnten sie im Alter Schwimmen in hervorragender Weise für die Erhaltung ihrer Gesundheit einsetzen!

Unter dieser präventiven Sichtweise ist die Rückenlage im Wasser mit gerundetem Rücken besonders gut geeignet. Eine Wechselbeinbewegung mit unterstützenden, tellernden Armbewegungen neben dem Körper reicht für die Fortbewegung aus.

Müßten sich nicht unter diesem Blickwinkel diejenigen, die schulische Bildungspläne erstellen und weiterentwickeln nicht Gedanken machen, die Technik des Brustschwimmens aus Bildungs- und Lehrplänen zu verbannen?

Literatur

BEIGEL-GUHL, Karen / BRINCKMANN, Andreas: Wassergymnastik. Rororo-Sport 8639: Hamburg 1989.

BOLLNOW, O. F.: Übung als Weg des Menschen. In: Universitas – Zeitschrift für Wissenschaft und Kunst 8 (1974), 825–842.

BREUER, Helmut / WEUFFEN, Maria: Lernschwierigkeiten am Schulanfang. Schuleingangsdiagnostik zur Früherkennung und Frühförderung. Beltz: Weinheim/Basel 1996.

BREZINKA, Wolfgang: Erziehung in einer wertunsicheren Gesellschaft. Ernst Reinhardt: München/Basel 1986.

BREZINKA, Wolfgang: Tüchtigkeit – Analyse und Bewertung eines Erziehungszieles. Ernst Reinhardt: München/Basel 1987.

BRÜGEBORS, Gela: Einführung in die Holistische Sensorische Integration – Teil 1 und 2. Borgmann: Dortmund 1992.

BUNDESVERBAND DER UNFALLVERSICHERUNGSTRÄGER DER ÖFFENTLICHEN HAND – BAGUV: Sicherheitsregeln für Bäder (GUV 18. 14), Oktober 1984, Abt. Unfallverhütung und Arbeitsmedizin. München 1984.

CUBE, Felix von: Kann Sicherheit gefährlich sein? Pluspunkt – Lehrerinformationen zur Sicherheitserziehung und Unfallverhütung. In: Zeitschrift der gesetzlichen Unfallversicherungsträger (1994), 3, 11–13.

Das Gesundheitsamt rät: Fußsohlenwarzen. In: Der Sport 47 (1993), 18.

EGGERT, Dietrich: Von den Stärken ausgehen ... Individuelle Entwicklungspläne (IEP) in der Lernförderungsdiagnostik. Borgmann: Dortmund 1997.

FISCHER, Klaus: Entwicklungstheoretische Perspektiven der Motologie des Kindesalters. Hofmann: Schorndorf 1996.

FISGUS, Christel / KRAFT, Gertrud: „Hilf mir, es selbst zu tun!“ Montessoripädagogik in der Regelschule. Auer: Donauwörth 1996.

FRÖHLICH, Andreas: Basale Stimulation. Verlag Selbstbestimmtes Lernen: Düsseldorf 1991.

GRAUMANN, Dieter/LOHMANN, Holger/PFLESSER, Wolf: Schwimmen in Schule und Verein. Pohl: Celle 1988.

HAASE, Johannes: Spiele im, am, unter Wasser. Sport-Verlag: Berlin 1991.

HANDWERKER, Hermann O.: Somatosensorik. In: SCHMIDT, Robert F. (Hrsg.), Neuro- und Sinnesphysiologie. Springer: Berlin/Heidelberg/New York 1993, 221–247.

HANNIG-SCHOSSER, Jutta / ULLMANN, Roland: „Die Wasserhexe Aquakadabra“ – Schwimmen als Bewegungserziehung. In: STRASS, Dieter / DURLACH, Frank / REISCHLE, Klaus / VOLCK, Gunter, Schwimmen 2000-II. Uehlin: Schopfheim 1997, 159–171.

HENTSCHEL, Claudia: Wer sich nicht bewegt, bleibt sitzen – Freiräume für situative Bewegungsanlässe im Alltag von Kindertagesstätten (Video): 1993.

HILDEBRANDT, Reiner: „Schwimmen lernen“ als Erschließung des Bewegungsraumes Wasser. In: sportunterricht 42 (1993), 5, 199–204.

KAHL, Reinhard: Das Schwinden der Sinne (Video).

KLIMT, F.: Schulsportfreistellungen. In: Das öffentliche Gesundheitswesen 46 (1984), 9, 419–425.

JUNGMANN, H. / BLUNCK, S. / STRUCKMANN, B.: Untersuchungen zur Herztätigkeit beim Unterwasserschwimmen. In: Deutsche Zeitschrift für Sportmedizin 40 (1989), 7.

LANG, Heinz: Spielen, Spiele, Spiel. Handreichungen für den Sportunterricht in der Grundschule. Hofmann: Schorndorf 1996.

LARGO, R. H.: Kindliche Entwicklung – normal und gestört. In: SCHLACK, H. G. / LARGO, R. H. / MICHAELIS, R. / NEUHÄUSER, G. / OHRT, B.: Praktische Entwicklungsneurologie. Hans Marseille München: 1994, 13–23.

LEDL, Viktor: Kinder beobachten und fördern. Jugend & Volk: Wien 1994.

LURIJA, Alexander R.: Das Gehirn in Aktion – Einführung in die Neuropsychologie Rowohlt: Hamburg 1995.

MARKOWITSCH, Hans J.: Neuropsychologie des menschlichen Gedächtnisses. In: Spektrum der Wissenschaft (1996), 9, 52–61.

MATURANA, Humberto R. / VARELA, Francisco J.: Der Baum der Erkenntnis – Die biologischen Wurzeln des Erkennens. Goldmann:

MERTENS, Krista: Zurück zur Natur – Das Wasser in der Entwicklungsförderung. Borgmann: Dortmund 1988.

Michaelis, R.: Zur Entwicklung der haptisch-taktilen Modalität bei Kindern. In: SCHLACK, H. G. / LARGO, R. H. / MICHAELIS, R. / NEUHÄUSER, G. / OHRT, B., Praktische Entwicklungsneurologie. Hans Marseille: München 1994.

MICHAELIS, R. / HAAS, G.: Meilensteine der frühkindlichen Entwicklung – Entscheidungshilfen für die Praxis. In: SCHLACK, H. G. / LARGO, R. H. / MICHAELIS, R. / NEUHÄUSER, G. / OHRT, B., Praktische Entwicklungsneurologie. Hans Marseille: München 1994, 93–101.

MINISTERIUM FÜR KULTUS UND SPORT BADEN-WÜRTTEMBERG: Schwimmen im Schulsport. Kultus und Unterricht. Heft 15 vom 1. September1994, 47–48.

MINISTERIUM FÜR KULTUS UND SPORT BADEN-WÜRTTEMBERG: Kultus und Unterricht. Heft 5 vom 3. März 1997, 29–43.

NEUHAUS-SIEMON, Elisabeth: Schule der Demokratie. Die Entwicklung der Grundschule seit dem Ersten Weltkrieg. In: HAARMANN, Dieter (Hrsg.), Handbuch Grundschule. Allgemeine Didaktik: Voraussetzungen und Formen grundlegender Bildung, Band 1. Beltz: Weinheim/ Basel 1996.

NICKEL, Ulrich: Etwas riskieren. In: Sportpädagogik 18 (1994), 5, 42–44.

PALMOWSKI, Winfried: Der Anstoß des Steines – Systemische Beratungsstrategien im schulischen Kontext. Borgmann: Dortmund 1995.

POSNER, Michael / RAICHLE, Marcus: Bilder des Geistes – Hirnforschung auf den Spuren des Denkens; Spektrum Akademischer Verlag Heidelberg – Berlin – Oxford 1996.

REISCHLE, Dr. Klaus: Biomechanik des Schwimmens. Sport Fahnemann: Bockenem 1988.

REISCHLE, Dr. Klaus: Besser Schwimmen – Technik, Training. Sportinform: Unterhaching 1988.

ROTH, Gerhard: Das Gehirn und seine Wirklichkeit. Suhrkamp: Frankfurt 1997.

ROTH, Gerhard / PRINZ, Wolfgang (Hrsg.): Kopf-Arbeit; Spektrum Akademischer Verlag Heidelberg – Berlin – Oxford 1996.

SCHÄDLE-SCHARDT, Walter: Bewegungslernen in der Freizeit – Quelle für den Schul(enden) Sport. In: Praxis der Psychomotorik. 22 (1997), 29–35.

SCHIPEK, Günter: Systeme erkennen Systeme – Individuelle, soziale und methodische Bedingungen systemischer Diagnostik. Psychologie-Verlags-Union: München/Weinheim 1987.

SPEKTRUM DER WISSENSCHAFT; Dossier 4/97: Kopf oder Computer; Verlag Spektrum der Wissenschaft Heidelberg 1997.

SPITZER, Manfred: Geist im Netz. Spektrum Akademischer Verlag Heidelberg – Berlin – Oxford 1996.

STEENBERG, Ulrich: Kinder kennen ihren Weg. Verlag Lemm & Oelschläger und Kinders Verlag: Ulm 1997.

UNGERECHTS, B. E.: Bestimmungen der Belastungen der Kniegelenke beim Brustschwimmen. In: Deutsche Zeitschrift für Sportmedizin 39 (1988), 12.

VOLKAMER, Meinhart: Der Einfluß der Sportwissenschaft auf das Selbstverständnis von Sportlehrern. In: sportunterricht 46 (1997), 3, 116–121.

WILKE, Kurt (Hrsg.): Schwimmsportpraxis Rororo-Sport 8608: Hamburg 1988.

WÜRTTEMBERGISCHER GEMEINDEUNFALL-VERSICHERUNGSVERBAND: Checklisten zur Sicherheit im Sportunterricht 1990. Panoramastr. 11, 70174 Stuttgart.

ZIMMER, Renate: Handbuch der Bewegungserziehung. Didaktisch-methodische Grundlagen und Ideen für die Praxis. Herder: Freiburg/Basel/Wien 1993.

ZIMMER, Renate: Schafft die Stühle ab! Bewegungsspiele für Kinder. Herder: Freiburg/Basel/Wien 1995.

ZIMMER, Renate: Die Bedeutung des Selbstkonzeptes für die Entwicklung hyperaktiver Kinder. In: PASSOLT, Michael (Hrsg.), Mototherapeutische Arbeit mit hyperaktiven Kindern. Ernst Reinhardt Verlag: München/Basel 1996.

Die Welt im Kopf: Was im Gehirn vorgeht, wenn wir denken. Bild der Wissenschaft (Video).

Anhang

Zum Autor

Jahrgang 1947

Studium an der Deutschen Sporthochschule Köln mit den Schwerpunkten Schwimmen und Behindertensport.

Diplomarbeit in Biomechanik des Schwimmens mit dem Thema: „Experimentelle Untersuchung zur induzierten Änderung des Wasserwiderstandes von Schwimmern durch gegenseitige Strömungsbeeinflussung."

Studium der Sonderpädagogik an der Pädagogischen Hochschule Rheinland in Köln.

Schriftliche Hausarbeit für die 1. Staatsprüfung mit dem Thema: „Die Bedeutung der stabilen statischen Körperlage im Wasser für die Methodik des Anfängerschwimmens bei verschiedenen Körperbehinderungen – Eine empirische Untersuchung."

Wissenschaftliche Tätigkeit am Institut für Rehabilitation und Behindertensport der Deutschen Sporthochschule Köln.

Seit 1979 Fachschulrat an der Staatlichen Sportakademie Ludwigsburg, zentraler Fortbildungsakademie des Landes Baden-Württemberg für den Schulsport.

Schwerpunkte: Schwimmunterricht für alle Schularten und Sport an Sonderschulen.

Im Rahmen des Deputates Unterrichtsverpflichtung an Schulen; derzeit an einer Schule für Sprachbehinderte.

25jährige Praxiserfahrungen in Schwimmvereinen als Übungsleiter und Trainer in den verschiedensten Bereichen: Vom Säuglingsschwimmen bis zum Leistungsbereich.

1983 Mitbegründer der Abt. Behindertensport in einem großen Sportverein mit mehr als 4000 Mitgliedern, deren Anliegen integratives Sporttreiben behinderter und nichtbehinderter Menschen ist.

Mehrere Jahre Fachwart für den Sport Geistigbehinderter im Württembergischen-Versehrten-Sportverband.

Maßgeblich beteiligt an der Konzeption der Übungsleiter-S-Ausbildung „Sport mit Geistigbehinderten und Cerebralbewegungsgestörten" des Behinderten-Sportverbands Baden-Württemberg, und als Referent in dieser Ausbildung tätig.

13jährige Tätigkeit an einer Beratungsstelle zur Frühförderung entwicklungsauffälliger und behinderter Kinder mit dem Schwerpunkt „Der Aufenthalt im Wasser als Beitrag zur positiven Beeinflussung der kindlichen Entwicklung".